人を動かす！
実戦ビジネス
日本語会話
【中級１】

一般財団法人国際教育振興会
日米会話学院　日本語研修所［著］

スリーエーネットワーク

©2016 by International Education Center, Nichibei Kaiwa Gakuin, Japanese Language Institute

All rights reserved. No part of this publication may be reproduced, stored in a retrieval system, or transmitted in any form or by any means, electronic, mechanical, photocopying, recording, or otherwise, without the prior written permission of the Publisher.

Published by 3A Corporation.
Trusty Kojimachi Bldg., 2F, 4, Kojimachi 3-Chome, Chiyoda-ku, Tokyo 102-0083, Japan

ISBN978-4-88319-742-2 C0081

First published 2016
Printed in Japan

はじめに

　このテキストは、『人を動かす！ 実戦ビジネス日本語会話（上級）』の姉妹編です。日本語でビジネスがしたいという中級の学習者を対象にした、実践的な会話習得のためのテキストです。文法や表現が頭では理解できていても、実際のビジネスの場面でなかなかうまく口から出てこないという人は多くいます。ビジネスの場面で大切な力は、スムーズさとスピードです。テキストでは、ビジネスでよくある場面を取り上げ、徹底した口頭練習と談話練習によって、スムーズなやり取りができるようになることを目指します。

　テキストには豊富な音声教材がついています。ぜひこれを活用して、「体が覚える」まで繰り返し練習して下さい。そうすれば「人を動かす」ような会話力がきっと身につくと思います。

　テキストの作成にあたっては、スリーエーネットワークの佐野智子さん、田中綾子さんに大変お世話になりました。深く感謝いたします。

2016年11月　　執筆者一同

Foreword

　This textbook is a companion volume to the advanced-level textbook, *Hito o Ugokasu! Jissen Bijinesu Nihongo Kaiwa* (Practical Japanese Conversation for Business People - Advanced). It is intended for intermediate-level learners who want to use Japanese in business, and was designed to support the practical learning of Japanese conversation.

　There are many people who understand Japanese grammar and expressions inside their heads; however, in a real business setting the words do not spring to their mouths. What is important in business is smoothness and speed of communication. This textbook presents situations that are common in the business world, and through systematic oral and conversation practice, users can become able to smoothly communicate in Japanese.

　This textbook comes with an abundance of audio materials. Please use them to practice again and again until the words and phrases are committed to muscle memory. If you can do this, then you can surely acquire the ability to communicate and "inspire others" (*hito o ugokasu*).

　During the development of this textbook, we received a great deal of help from Tomoko Sano and Ayako Tanaka of 3A Corporation. We are incredibly grateful to you both.

The Authors, November 2016

目次 Table of Contents

はじめに Foreword ……………………………………………………………………………… 3
本書の使い方 How to Use This Book ……………………………………………………… 6
登場人物 Characters ……………………………………………………………………… 10

第1課 新人を歓迎する Welcoming a new employee
本文会話 ………………………………………………………………………………… 12
表現 ……………………………………………………………………………………… 14
談話練習1 気遣って声をかける Showing concern for someone ……………… 16
談話練習2 相手を知る Getting to know someone …………………………… 18

第2課 仕事の引き継ぎをする Transferring control of a job
本文会話 ………………………………………………………………………………… 22
表現 ……………………………………………………………………………………… 24
談話練習1 指示する Giving instructions ……………………………………… 26
談話練習2 アドバイスをする Giving advice …………………………………… 28

第3課 取引先を訪問する Visiting a business partner
本文会話 ………………………………………………………………………………… 32
表現 ……………………………………………………………………………………… 34
談話練習1 訪問のあいさつをする Greeting a client …………………………… 36
談話練習2 話を切り上げて終わりのあいさつをする
　　　　　　Ending a conversation and saying goodbye ……………………… 38

第4課 営業報告会に出る Attending a business report meeting
本文会話 ………………………………………………………………………………… 42
表現 ……………………………………………………………………………………… 44
談話練習1 ミーティングで説明する Explaining at a meeting ………………… 46
談話練習2 自分の意見を通す Making someone accept your opinion ……… 49

第5課 職場の人とランチに行く　Going to lunch with people from work
- 本文会話 ……………………………………………………………………… 52
- 表現 ………………………………………………………………………… 54
- 談話練習1　評価する　Evaluating …………………………………………… 56
- 談話練習2　誘いを断る　Declining an invitation …………………………… 58

第6課 家族と休みの計画を立てる　Making vacation plans with family
- 本文会話 ……………………………………………………………………… 62
- 表現 ………………………………………………………………………… 64
- 談話練習1　親しい人を説得する　Persuading someone close to you ……… 66
- 談話練習2　親しい人を慰める　Comforting someone close to you ………… 68

第7課 人材紹介会社の人と会う約束をする
Making plans to meet someone from an employment agency
- 本文会話 ……………………………………………………………………… 72
- 表現 ………………………………………………………………………… 74
- 談話練習1　相手を説得する　Persuading someone …………………………… 76
- 談話練習2　日時を調整する　Arranging a day and time ……………………… 78

第8課 人材紹介会社の人と面談をする
Interviewing with someone from an employment agency
- 本文会話 ……………………………………………………………………… 82
- 表現 ………………………………………………………………………… 84
- 談話練習1　会社について尋ねる　Asking about a company ………………… 86
- 談話練習2　返事を保留する　Holding off a reply …………………………… 88

第9課 面接を受ける　Having an interview
- 本文会話 ……………………………………………………………………… 92
- 表現 ………………………………………………………………………… 94
- 談話練習1　面接時の入室・質問・退出
  Entering the room, asking questions, and leaving the room at an interview …… 96
- 談話練習2　志望理由について話す　Talking about your purpose and ambitions …… 98

索引　Index ………………………………………………………………………… 101

本書の使い方

【本書の対象・目的】

本書は、日本語でビジネス活動をしたいと考えている中級レベルの学習者を対象とした実践的な会話習得のためのテキストです。

【本書の特徴】

・ビジネスで人を動かすには、詰まらず、スピードを持ってわかりやすく話すことが欠かせません。本書では、こうした力を身につけるために、CDを使って、徹底した口頭練習を行います。

・本書は、興味や必要度に応じて課を選ぶことができますが、後半になると難しくなります。また、「本文会話」が主人公アナンの物語になっているので、1課から学習することをお勧めします。

・本書は、教師の指導のもとで利用することが理想的ですが、ふりがなと英訳がついているので、自習もできるようになっています。

【本書の構成】

本書は、①本冊、②CDから成ります。

①本冊

本冊は9課で構成され、各課は「本文会話」「表現」「談話練習1」「談話練習2」に分かれています。具体的な内容は以下の通りです。

「本文会話」

日本の銀行に勤めるタイ人アナンのビジネス活動を通じて、学習者が敬語を使ったフォーマルな会話から、カジュアルな会話まで練習できるようになっています。

「表現」

本文会話に出てくる文法表現を、短い会話形式で練習します。

「談話練習1」「談話練習2」

「親しい人を慰める」「訪問のあいさつをする」「ミーティングで説明する」「面接時の入室・質問・退出」といった場面でのやり取りを談話形式で口頭練習します。

②CD

「本文会話」「談話練習1」「談話練習2」の会話が収録されています。

【学習時間】

学習者の人数やレベルにもよりますが、1課をプライベートレッスンの場合で5時間、クラス授業の場合で6～8時間を想定しています。

クラス授業の時間割り参考例

第1課　新人を歓迎する　～飲み会で親交を深める～

授業数（1コマ90分）	本文会話	表現	談話練習
1コマ目	1行目～13行目	1	
2コマ目	14行目～24行目	2～6	
3コマ目			談話練習1
4コマ目			談話練習2

【教師用ガイド】

授業の進め方の参考例をWEBで公開しています。ダウンロードしてお使いください。

https://www.3anet.co.jp/np/books/4022/

【その他】

・本書に出てくる文法表現は、JLPTのN3、N2相当のものを取り上げています。

・学習の助けとして、全ての漢字にふりがながついています。

・「本文会話」と「表現」、語彙リストには英訳がついています。

How to Use This Book

【Target Users and Goals】
This textbook is intended for intermediate-level learners who want to use Japanese in business activities. It supports the practical learning of Japanese conversation.

【Special Features】
- To inspire others in business, it is essential to speak clearly and smoothly without starting and stopping, and to speak at a proper speed. To achieve these skills, this book provides a CD which you can use to do thorough oral practice.
- You can select which chapters to cover based on your interests and needs, but as you move to the latter half, the content becomes more difficult. In addition, the dialogs in each chapter tell the story of Anan, our main character, so we recommend starting from Chapter 1 and continuing in chronological order.
- Ideally you will use this textbook following the instructions of a teacher or instructor; however, there are furigana and English translations included, so independent study is also possible.

【Contents】
There is ① a textbook and ② a CD.

① Textbook
There are 9 chapters in this textbook. Each chapter has four sections: *Dialog, Expressions, Conversation Practice 1,* and *Conversation Practice 2*. Detailed explanations of each section are as follows:

Dialog
Dialogs follow the business activities of Anan, a Thai employee at a Japanese bank. Through Anan's story, you can practice a variety of conversations, from formal conversations using honorific language to more casual conversations.

Expressions
You can practice the grammatical expressions that appear in the dialog through short mini-conversations.

Conversation Practice 1 and Conversation Practice 2
You can do oral practice in the form of conversations around situations such as "Comforting someone close to you", "Greeting a client", "Explaining at a meeting", and "Entering the room, asking questions, and leaving the room at an interview".

② CD
The CD includes audio tracks for all chapter dialogs, *Conversation Practice 1,* and *Conversation Practice 2*.

【Study Timetable】

This timetable depends on the number of learners and their level; however, it is assumed that it will take 5 hours to cover one chapter in a private lesson, and 6-8 hours to cover one chapter with a larger class.

Example timetable for a larger class
Chapter 1: Welcoming a new employee – Deepening friendships at a drinking party

Class # (1 class = 90 min)	*Dialog*	*Expressions*	*Conversation Practice*
Class #1	Lines 1-13	1	
Class #2	Lines 14-24	2-6	
Class #3			Conversation Practice 1
Class #4			Conversation Practice 2

【Teacher's Manual】

Example lesson plans are available for download online.
https://www.3anet.co.jp/np/books/4022/

【Other】

- The grammatical expressions that appear in this textbook are appropriate for the JLPT N3 or N2.
- Furigana is written above all kanji to assist learning.
- There are English translations included for all chapter dialogs, grammatical expressions, and vocabulary lists.

登場人物 Characters

アナン・プラモート
タイ人　男　30歳
JLI銀行　営業1部　課長代理

ニール・アボット
イギリス人　男　34歳
JLI銀行　営業1部　課長代理

朱鈴玉
中国人　女　25歳
JLI銀行　営業1部　新人

あや
日本人　女　35歳
アナンの妻

小山　直子
日本人　女　40歳
JLI銀行　営業1部　課長

第1課
新人を歓迎する
Welcoming a new employee

本文会話

課長　朱さんを歓迎して、乾杯！
全員　乾杯！
朱　　今日はありがとうございます。
アナン　朱さん、仕事にはもう慣れましたか。
朱　　ええ、おかげさまで。皆さん、よくしてくださいますから。
アナン　それはよかったですね。
課長　これからが大変ですよ。
　　　あしたから朱さんには、丸山工業を担当してもらいます。
　　　アナンさん、引き継ぎをよろしくお願いします。
アナン　はい。わかりました。あの、課長、先方へのごあいさつは、**できれば一緒に行っていただきたいんですが**……。
課長　いいですよ。じゃあ、3人で行きましょう。
アナン・朱　よろしくお願いいたします。
朱　　アナンさん、融資のご経験は長いんですか。
アナン　入行し**て以来**、ずっと融資畑だったから……今年の7月で5年になります。
ニール　アナンさんは、我が営業1部のエースですよ。
朱　　そうですか。すごいですね。私にできるでしょうか。
アナン　ニールさんはお酒を飲むと冗談ばかり言うんですよ。
　　　私**なんか**エースじゃありませんよ。
課長　まあまあ。やる気**さえあれば**、大丈夫。朱さん、期待していますよ。
朱　　はい。頑張ります。
ニール　でも、この仕事はお客さん**次第**だからなあ。厳しいこともけっこうあるかもしれないなあ。
アナン　まあ、ニールさん、どうぞ。水**でも**飲んでください。

Section Manager：	Let's welcome Shu-san! Cheers!	
All：	Cheers!	
Shu：	Thank you for today.	
Anan：	Shu-san, have you already gotten used to your job?	
Shu：	Yes, thanks to you. Everyone is very helpful to me.	
Anan：	That's good.	
Section Manager：	From now on, it'll be hard.	
	Starting tomorrow, we'll have Shu-san be in charge of Maruyama Manufacturing.	
	Anan-san, I'm counting on you to handle the transfer of control.	
Anan：	Yes. I understand. Excuse me, Section Manager, when we go to greet them, if possible I'd like you to please come with us.	
Section Manager：	That's fine. In that case, the three of us will go.	
Anan & Shu：	Thank you.	
Shu：	Anan-san, is your experience working in financing long?	
Anan：	Ever since joining the bank, I've always been in the field of financing, so... this July it'll be 5 years.	
Neal：	Anan-san is our first sales department's ace!	
Shu：	Really? That's amazing! I wonder if I can do it.	
Anan：	When Neal-san drinks alcohol, he tells nothing but jokes.	
	I'm definitely no ace.	
Section Manager：	Well, well, as long as you have the will to try, you'll be fine. We have high hopes for you.	
Shu：	OK. I'll do my best.	
Neal：	But you know, this job depends on the customers. There might be plenty of tough times, too.	
Anan：	OK, Neal-san, here you go. Drink some water or something.	

1. 歓迎する　to welcome (someone/something)
2. 〜に慣れる　to get used to (someone/something)
3. おかげさまで　thanks to you
4. よくしてくれる　to be very helpful/kind (to me or a close friend/family member)
5. 担当する　to be in charge (of something)
6. 引き継ぎ　the transfer of control; taking over
7. 先方　them (i.e. the other party)
8. 融資　financing
9. 経験　experience
10. 入行する　to join a bank
11. 融資畑　the field of financing
12. 我が〜　our ...
13. エース　ace (i.e. key player)
14. やる気　the will to do (something)
15. 期待する　to have hopes or expectations (for something)
16. 厳しい　tough

表現

1. (できれば)〜ていただきたいんですが if possible, I'd like you to please...

A： 先日お願いした見積もりの件なんですが、できれば、今日中に送っていただきたいんですが……。

B： 承知いたしました。

A：About the matter of the estimate that I asked you to make the other day...if possible, I'd like you to send it sometime today.
B：Understood.

2. 〜て以来 ever since V-ing...

A： 谷山さんは、ずっと営業ですか。

B： はい。入社して以来、営業の仕事をしております。

A：Taniyama-san, have you always been in sales?
B：Yes. Ever since joining the company, I have been working in sales.

3. 〜なんか *(used by the speaker to put himself/herself down)*

A： 私の結婚式でスピーチをお願いしたいんだけど。引き受けてくれない？

B： えー、私なんか、だめだめ。もっと日本語が上手な人に頼んで。お願い。

A： うん、わかった。

A：I want to ask someone to make a speech at my wedding. Will you take it on for me?
B：Me? No way, I can't do it. Ask someone who's better at Japanese. Please?
A：OK, fine.

4. 〜さえ…ば as long as...

A： この商品は非常食として、開発されました。水さえあれば、温かいご飯がすぐ食べられます。

B： それは便利ですね。

A：This product was developed as emergency rations. As long as you have water, you can soon eat a hot meal.
B：That's convenient!

5. 〜次第 depends on ...

A： 先生、私は試験に合格できるでしょうか。

B： それは、あなたの努力次第ですね。

A：Sensei, do you think I can pass the test?
B：That depends on your effort.

6. 〜でも ...or something

A： 課長、ちょっとご相談があるんですが。

B： そう。じゃあ、あっちでお茶でも飲みながら話しましょうか。

A： はい。

A：Section Manager, I have something to ask you about.
B：I see. Well then, shall we go over there and talk over tea or something?
A：OK.

問題
1〜6について、AとBの会話を作って練習してください。

---

1. 先日　the other day
2. 見積もり　estimate
3. 件　matter; issue
4. 承知しました　Understood.
5. 引き受ける　to take on (something)
6. 非常食　emergency rations
7. 開発する　to develop (something)
8. 努力　effort

談話練習1　気遣って声をかける
Showing concern for someone

A：　① **（近況を聞く）**　。
　　　Ask about B's current situation

B：　ええ、おかげさまで。② **（理由を言う）**　。
　　　　　　　　　　　　　Give reason(s)

A：　それはよかったですね。③ **（励ます）**　。
　　　　　　　　　　　　　　Give encouragement

B：　④ **（返す）**　。
　　　Reply

---

1. （A：先輩社員　B：新人社員）
① 日本の生活にはもう慣れましたか
② 周りの方がいろいろ助けてくださいますから
③ 困ったことがあったら、いつでも声をかけてください
④ ありがとうございます

2. （A：ホストファミリーのお父さん　B：留学生）
① 日本語能力試験の勉強は順調ですか
② わからない時はクラスメートが教えてくれますから
③ 試験に合格すると、就職の時、役に立ちますから、頑張ってください
④ はい。頑張ります

3. （A：上司　B：新人）
① 最近、仕事はどうですか
② 皆さん、親切にしてくださいますから
③ これから忙しくなりますが、しっかりやってください
④ はい。わかりました

問題
自分の場面で会話をしてください。

---

1. 周りの方　the people around me (honorific language)
2. 声をかける　to call out (to someone); to come and talk (to someone)
3. ホストファミリー　host family
4. 順調　going well; doing well
5. 就職　getting a job
6. 親切にする　to be kind (to someone)
7. しっかり　really; hard (e.g. work hard)

談話練習2　相手を知る
Getting to know someone

（居酒屋で）

A： アナンさん、①　**(話題を提示する)**　。
　　　　　　　　　　Raise a topic

B： ②　**(話題について答える)**　。③　**(補足する)**　。
　　　Respond to the topic　　　　　Add information

A： ④　**(補足について印象を述べる)**　。
　　　Give your impression(s) on the added information

B： ⑤　**(返す)**　。
　　　Reply

1.（A・B：同僚同士）
① よく料理をするそうですね。私はどうも料理が苦手で……
② 実は、毎週料理教室に通っているんです
③ 好きな気持ちさえあれば、誰でもうまくなりますよ
④ いやいや、私なんか絶対無理です。不器用ですから
⑤ そんなことないですよ。やる気次第です

2.（A・B：取引先同士）
① 最近、山に登っていますか
② いやあ、それがあまり登っていなくて……。計画をしても、いつも天気が悪くて中止になってしまうんです
③ 天気さえよければ、行くんですが
④ 登山は天気次第ですからね
⑤ ええ。しばらくは、山の映画でも見て、楽しむことにしますよ

3. （A・B：同僚同士）

① いつも盆栽の雑誌を持ってますけど、盆栽をやってるんですか
② ええ、日本に来て以来、すっかり夢中になってしまって
③ でも、雑誌のようにはなかなかうまくいきませんね
④ そうですか。盆栽は難しいんですね
⑤ ええ、奥が深いです

問題
自分の場面で会話をしてください。

---

1. 同僚　co-worker
2. 〜同士　fellow ...
3. 絶対　definitely; absolutely
4. 不器用　clumsy
5. 取引先　business partner(s)
6. 登山　mountain climbing
7. しばらく　for the time being
8. 盆栽　bonsai (miniature potted plants)
9. 夢中になる
　to get completely into (something)
10. うまくいく　to go well
11. 奥が深い　deep; fascinating

第2課

仕事の引き継ぎをする
Transferring control of a job

本文会話

アナン 朱さん、今、ちょっといいですか。丸山工業の引き継ぎをしたいんですが。
朱 はい。お願いします。

アナン 丸山工業を担当する**にあたって**、いくつか気をつけてほしいことがあります。
朱 はい。何でしょう。
アナン まず、先方を訪問する時は、午後2時から4時の時間を避けるようにしてください。先方の定例会議がこの時間によくありますから。
朱 はい。わかりました。
アナン 次に、資金の動きは、毎日必ず確認してもらえますか。
朱 毎日ですか。安定した業績の会社だと伺っていますが。
アナン 確かにそうですが、問題企業**に限らず**、全ての担当先の資金の動きは、毎日確認する**べき**だと思いますよ。
朱 そうですね。慎重に対応する**に越したことはない**ですね。
アナン それから、丸山工業の総務の石井さんとは、うまくやっとくといいですよ。業界**について**、いろいろな情報を教えてくれるから。
朱 承知しました。担当することになった**以上**は、責任を持ってやらせていただきます。
アナン よろしく頼みます。あ、もう一つ。石井さんは、大の猫好きだから。
朱 猫好きですか。私も猫が大好きなんです。
アナン それならよかった。話題に困ったら、猫の話をすればいいですよ。石井さんは猫**のこととなると**、話が止まらなくなるから。
朱 はい。わかりました。ありがとうございます。

Anan： Shu-san, do you have a little time now? I'd like to talk about taking over the Maruyama Manufacturing job.
Shu： Yes. Let's.

Anan： At the time when you are in charge of Maruyama Manufacturing, there are some things that I'd like you to be careful about.
Shu： OK. What kind of things?
Anan： First, when you go to visit them, please try to avoid the time from 2:00 to 4:00 pm. Their regular meeting is often at this time.
Shu： OK. I understand.
Anan： Next, could you please be sure to check their capital flow every day?
Shu： Every day? But I heard that it's a company with stable performance.
Anan： Certainly that is true, but I think we should check the capital flow every day for all of our clients, not only for problem companies.
Shu： You're right. You can't handle things too carefully.
Anan： Also, it's a good idea to establish good relations with Ishii-san from Maruyama Manufacturing's general affairs. He will tell you a lot of different information about the industry.
Shu： Understood. Once I become in charge, I will take responsibility and carry out my role.
Anan： We're counting on you. Oh, one more thing. Ishii-san is a huge cat-lover.
Shu： A cat-lover? I love cats, too.
Anan： That's good. If you don't know what to talk about, you should talk about cats. When it comes to cats, Ishii-san won't be able to stop talking.
Shu： OK. I see. Thank you.

1. 避ける　to avoid
2. 定例　regular
3. 資金の動き　capital flow
4. 安定した　stable
5. 業績　performance
6. 確かにそうですが　Certainly that is true, but...
7. 全ての〜　all of ...
8. 担当先　client(s)
9. 慎重に　carefully
10. 対応する　to handle; to deal with
11. 総務　general affairs
12. うまくやる　to make good relations (with someone); to get along well (with someone)
13. 〜とく（＝〜ておく）to establish; to do something in advance
14. 業界　(the) industry
15. 責任を持つ　to take responsibility
16. 大の〜　a huge ...
17. 話題に困る　to not know what to talk about

表現

1. 〜にあたって (at the time) when...

A： 今回のプロジェクトに参加するにあたって、何か準備しておくことはありますか。

B： ああ、いくつかあります。

A: When participating in this project, is there anything that I should prepare in advance?
B: Oh yes, there are several things.

2. 〜に限らず not only...

A： 日本は、ダイエットしている人が多いですね。

B： うん、最近は大人に限らず、子どももダイエットしていますよ。

A: In Japan, there are many people on a diet, aren't there?
B: Yes, recently not only adults but also children are on a diet, too.

3. 〜べき should

A： 最近、タクシー、使いすぎなんじゃない？ いくら接待のためでも、もっとコスト意識を持つべきでしょう。

B： はい。申し訳ありません。

A: Haven't you been using the taxi too much recently? No matter how many business dinners it's for, you should have more cost awareness!
B: Yes. I'm terribly sorry.

4. 〜に越したことはない You can't V too ADV!

A： もう出かけるんですか。早いですね。

B： うん、大事な取引先だからね。早く行くに越したことはないよ。

A: You're leaving already? It's early, isn't it?
B: Yes, because it's an important business partner. You can't leave too early!

5. ～について　about ...

A： 今日は日本経済の現状について、お話しさせていただきます。
B： よろしくお願いいたします。

A: Today I'd like to talk about the current state of the Japanese economy.
B: Please go ahead.

6. ～以上　once ...

A： 大きなプロジェクトだからね。しっかり頼むよ。
B： はい。リーダーをお引き受けした以上は、精一杯頑張ります。

A: It's a big project. We're really counting on you.
B: Yes. Once I take on the role of leader, I will work to the best of my ability.

7. ～のこととなると　when it comes to ...

A： 横浜貿易の山田さんを接待するんだけど、どんなことを話したらいいかな。山田さんは物静かな人だから。
B： サッカーの話をすればいいよ。山田さんはサッカーのこととなると、別人のようになるから。

A: I will have a business dinner with Yamada-san from Yokohama Trading, but I wonder what I should talk about. Yamada-san is a quiet person.
B: You should talk about soccer. When it comes to soccer, Yamada-san becomes like a different person.

問題
1～7について、AとBの会話を作って練習してください。

---

1. 接待　business dinner
2. コスト意識　awareness of the cost
3. 現状　current state (of something)
4. 精一杯　to the best of one's ability
5. 物静か　quiet
6. 別人　a different person

談話練習1　指示する
Giving instructions

A： ① **（イベント）** にあたって、② **(指示を切り出す)** ことがあります。
　　　　Event　　　　　　　　　　Ask for instructions

B： はい。

A： まず、③ **(指示する1)** 。
　　　　　　Instruction 1

B： はい。わかりました。

A： 次に、④ **(指示する2)** 。
　　　　　　Instruction 2

B： 承知しました。

A： それから、⑤ **(指示する3)** 。
　　　　　　　Instruction 3

B： わかりました。

---

1. （A：上司　B：部下）
① 明日の展示会に参加する
② いくつか注意してほしい
③ 来場者に、必ず名刺をもらってください
④ お客様から値引きについて聞かれたら、私に引き継いでもらえますか
⑤ 接客する人が足りなくなったら、すぐに応援を頼むようにしてください

2. (A：上司　B：部下)
① 来週の事務所の引っ越し
② 準備してもらいたい
③ 不要な物は、全て捨てるようにしてください
④ 新しい事務所に持っていくキャビネットは、設置場所を決めて私に報告をお願いします
⑤ 週末、引っ越しの準備で出勤する人の名前を、このリストに書いてください

3. (A：上司　B：部下)
① 来週の株主総会の開催
② いくつか確認をお願いしたい
③ 資料が全て揃っているか、最終チェックをしてください
④ 出席者の数と椅子の数の確認をよろしくお願いします
⑤ 警備体制について、担当者とシミュレーションしておいてもらえますか

問題
自分の場面で会話をしてください。

---

1. 展示会　exhibition
2. 来場者　visitors
3. 値引き　discount
4. 接客する　to deal with visitors/clients/etc.
5. 応援　support
6. 不要　unnecessary
7. 設置　installation
8. 出勤する　to come into work
9. 株主総会　general meeting of stockholders
10. 開催　holding a meeting
11. 揃う　to be present; to be complete
12. 最終チェック　final check
13. 警備体制　security system
14. シミュレーションする　to run a simulation

談話練習2　アドバイスをする
Giving advice

A：　① _（アドバイスを求める）_　ほうがいいですか。② _（事情を説明する）_　……。
　　　　　　Request advice　　　　　　　　　　　　　　　Explain the circumstances

B：　③ _（アドバイスをする）_　よ。
　　　　　　Give advice

A：　そうですか。

B：　④ _（具体的なアドバイスをする）_　よ。⑤ _（理由を言う）_　からね。
　　　　　　Give specific advice　　　　　　　　　　Give reason(s)

A：　そうですか。じゃあ、⑥ _（返す）_　。
　　　　　　　　　　　　　　　Reply

---

1. (A：後輩　B：先輩)

① この資料を今すぐデータ化した
② ちょっと時間がなくて
③ データ化しておくと、検索する時に便利です
④ このソフトを使うといいです
⑤ すごく役に立ちます
⑥ 今からインストールします

2. (A：後輩　B：先輩)

① 明日の展示会に行った
② 明日は予定が詰まっていて
③ 勉強になるからぜひ行くべきです
④ EX工業のブースに行って、話を聞くといいです
⑤ 業界の最新の動きがわかります
⑥ 都合をつけます

3. (A：後輩　B：先輩)

① 来週の丸山工業との打ち合わせの後、食事にお連れした
② 最近、課長に経費削減を厳しく言われていて
③ 丸山工業は大切な取引先だからお連れしたほうがいいです
④ 「和食もみじ」はいいです
⑤ コストパフォーマンスがいいです
⑥ 早速、先方に都合を聞いてみます

問題
自分の場面で会話をしてください。

---

1. データ化する　to digitize
2. 検索する　to search
3. ソフト　software
4. インストールする　to install
5. 予定が詰まる　to have a packed schedule
6. 勉強になる　to be a learning experience
7. ブース　booth
8. 都合をつける　to add (something) to one's schedule
9. お連れする　to bring (someone) (humble language)
10. 経費削減　cutting costs
11. コストパフォーマンス　cost performance
12. 早速　at once; without delay

第3課

取引先を訪問する
Visiting a business partner

本文会話

アナン　今日はお忙しい**ところ**、お時間をいただきましてありがとうございます。

社長　いやいや、こちらこそ。暑い中、ありがとう。おっ、早速うちのシャツ、着てくれてるんだね。

アナン　はい。すごくいいシャツですから。着心地**といい**、デザイン**といい**、最高のシャツです。

社長　そうでしょう。おかげさまで、東京**はもちろん**、ほかの都市で**も**好評なんだ。

アナン　それは、何よりですね。

社長　うん。実は、そのシャツのことで相談があって、アナンさんに来てもらったんだよ。

アナン　どのようなお話でしょうか。

社長　そのシャツ、タイでも売りたいんだ。アナンさんはタイの人だし、タイのことはよく知ってると思って。

アナン　はい。私にできることでしたら、何でもお手伝いさせていただきます。

社長　心強い**限り**だよ。海外進出は初めてだからね。タイの人たちに着てもらいたい気持ちはある**ものの**、方法が全然わからなくて。

アナン　私どもはバンコク支店をはじめ、アジアの主要都市にネットワークがございます。実績もノウハウもございますので、お役に立てると思います。

社長　それはよかった。

アナン　社長、一つよろしいでしょうか。

社長　何ですか。

アナン　進出の方向性について、何かイメージはお持ちでしょうか。

社長　そうだな……できるだけリスクは取りたくないから、資金があまりかからない方向で頼むよ。

アナン　承知しました。それでは、このお話を持ち帰って、上司に相談した上で、あらためてご提案させていただきたいと存じますが、よろしいでしょうか。

社長　うん。よろしくお願いします。

アナン　では、そういうことで。失礼いたします。

Anan：	Thank you for giving me some of your time when you are busy.
Director：	No, no, it's our pleasure. Thank you for coming here in this heat. Oh, you've put on one of our shirts without delay, haven't you?
Anan：	Yes, because it's a really nice shirt. In terms of comfort and design, it's the greatest shirt.
Director：	Isn't it? Thanks to you, it has a good reputation in Tokyo, of course, but also in other cities, too.
Anan：	That is the most important thing, isn't it?
Director：	Yes. Actually, regarding that shirt, I have something I want to talk to you about, so I had you come here.
Anan：	What do you want to talk about?
Director：	We want to sell that shirt in Thailand, too. You are Thai, and I think you know a lot about Thailand.
Anan：	Yes. Please let me help you in any way I can.
Director：	That is very reassuring. It's our first time expanding overseas. Although we feel that we want people in Thailand to wear our shirts, we really don't know how to do that.
Anan：	Our bank has a network in major Asian cities, starting with our Bangkok branch. We have a track record and know-how, so I think we can help you.
Director：	That's great.
Anan：	Director, may I ask one thing?
Director：	What is it?
Anan：	About your direction of expansion, do you have some kind of image in mind?
Director：	Hmm...we don't want to take up too much risk, so I'd ask for a direction that doesn't take a lot of capital.
Anan：	Understood. In that case, I'll take this conversation back with me, and after talking with my supervisors, please let me make a proposal once again. Is that OK?
Director：	Yes. Thank you very much.
Anan：	Well then, let's leave it at that. Please excuse me.

1. 暑い中　in this heat
2. 着心地　comfort (in wearing)
3. 好評　a good reputation
4. 何より　the most important thing
5. 心強い　reassuring
6. 海外進出　expansion overseas
7. 主要　major
8. ネットワーク　network
9. 実績　track record; achievements
10. ノウハウ　know-how
11. お役に立てる　to be helpful (to someone) (humble language)
12. 方向性　direction; trend
13. リスクを取る　to take up risk
14. 持ち帰る　to take (something) back; to take home
15. あらためて　once again
16. 提案する　to make a proposal
17. そういうことで　let's leave it at that

表現
ひょうげん

1. 〜ところ　when (*used to mark the description of a situation*)

    A：　お待たせして申し訳ありません。
    B：　いえいえ、遠いところ、いらしていただいてありがとうございます。

A：Sorry to keep you waiting.
B：No, no, thank you for coming to see us when it is far.

2. 〜といい、〜といい　both ... and ... (*used to list categories for describing something*)

    A：　このワイン、おいしいね。
    B：　うん。味といい、香りといい、とてもいいね。

A：This wine is delicious, isn't it?
B：Yes. Both the taste and the fragrance are really nice.

3. 〜はもちろん、〜も　... of course, but also ... too.

    A：　ルノーさんの語学力はどうなの？
    B：　ええ。英語はもちろん、中国語もかなりのレベルだそうです。

A：How is Renault-san's language ability?
B：Well, I heard he has good English of course, but also quite a high level of Chinese, too.

4. 〜限りだ　very (*used to emphasize an emotion*)

    A：　今月の売り上げ、新人が支店でNo.1だよ。
    B：　そうですか。それは、頼もしい限りですね。

A：For this month's sales, the new employee is No. 1 in the branch!
B：Really? That is very promising.

5. 〜ものの　although; but

    A：　1億円のプロジェクトのリーダーを引き受けたものの、自信がなくて……。
    B：　何、弱気なことを言ってるの。やると言った以上、頑張らなきゃ。

A：I took on being the leader of the hundred million yen project, but I don't have confidence.
B：What a weak thing to say! Once you've said you'll do it, you have to do your best!

6. 〜た上（うえ）で　after ...

A： 御社（おんしゃ）の支援策（しえんさく）についての提案書（ていあんしょ）です。どうぞよろしくお願（ねが）いいたします。

B： わかりました。よく検討（けんとう）した上（うえ）で、お返事（へんじ）いたします。

A：This is the proposal about the support measures for your company. Please take a look.
B：OK. After carefully reviewing it, I will give you my answer.

問題（もんだい）
1〜6について、AとBの会話（かいわ）を作（つく）って練習（れんしゅう）してください。

---

1. 香（かお）り　fragrance
2. 語学力（ごがくりょく）　language ability
3. かなりの〜　quite a high ...
4. 頼（たの）もしい　promising
5. 自信（じしん）　confidence
6. 弱気（よわき）　weak; cowardly
7. 頑張（がんば）らなきゃ　to have to do one's best
8. 御社（おんしゃ）　your company
9. 支援策（しえんさく）　support measures
10. 検討（けんとう）する　to review/examine

第3課　表現

談話練習1　訪問のあいさつをする
Greeting a client

A：　今日は ①　**(あいさつする)**　。
　　　　　　　　Greetings

B：　いいえ、こちらこそ。② **(あいさつする)**　。
　　　　　　　　　　　　　　　　Greetings

A：　③ **(世間話をする)**　。
　　　　　Chat

B：　④ **(世間話をする)**　。
　　　　　Chat

A：　⑤ **(返す)**　。
　　　　　Reply

B：　早速ですが、今日は ⑥ **(訪問の目的を述べる)**　。
　　　　　　　　　　　　　　　Explain the purpose of visiting

A：　⑦ **(返す)**　。
　　　　　Reply

1.（A・B：取引先同士）

① お暑いところ、わざわざお越しいただいてすみません
② お時間をとっていただきありがとうございます
③ 今年は特に暑いですね
④ 本当ですね。夜も寝られませんよ
⑤ そうですね
⑥ 弊社の新商品について、ご紹介させていただきたいと思いまして参りました
⑦ ええ、大変評判だそうですね

2. (A・B：取引先同士)
17
① 雨のところ、おいでいただきすみません
② お忙しいのに、申し訳ありません
③ 雨、ひどいですか
④ いや、そろそろ止みそうです
⑤ それはよかった
⑥ 見積もりができましたので、お持ちしました
⑦ ありがとうございます。拝見します

3. (A・B：取引先同士)
18
① お昼時に、来ていただいてすみません
② お邪魔して申し訳ありません
③ お昼、召し上がれましたか
④ ええ、済ませてきました
⑤ そうですか
⑥ 先日メールでお送りしたアジア地域の調査レポートのご説明に伺いました
⑦ はい。よろしくお願いいたします

問題
自分の場面で会話をしてください。

---

1. わざわざ　specially
2. お越しいただく
   to come here for me/us (honorific language)
3. 時間をとる　to take (some of your) time
4. 弊社　our company (humble language)
5. 評判　popularity; popular
6. おいでいただく
   to come here for me/us (honorific language)
7. そろそろ　soon
8. 昼時　lunchtime
9. お邪魔する
   to bother (someone) (humble language)
10. 済ませる　to finish (something)
11. 地域　area; region
12. 調査　survey; investigation

談話練習2　話を切り上げて終わりのあいさつをする
Ending a conversation and saying goodbye

> A：　① **(話を保留する)** 。
>   　　Put the conversation on hold
>
> B：　② **(返す)** 。
>   　　Reply
>
> A：　③ **(話を切り上げる)** 。
>   　　End the conversation
>
> B：　今日はわざわざありがとうございました。
>
> A：　ありがとうございました。では、失礼いたします。

1. (A・B：取引先同士)
① では、このお話はお預かりして、後ほどご連絡させていただきます
② わかりました。よろしくお願いします
③ では、今日はこれで

2. (A・B：取引先同士)
① 申し訳ありません。今ここでは決められませんので、上に話をしてからということでよろしいでしょうか
② 承知しました。前向きなお返事をお待ちしています
③ はい。では、価格については再検討して、後日お知らせするということでよろしくお願いいたします

3. (A・B：取引先同士)
① それでは、少しお時間をいただけますでしょうか。お調べしてメールであらためてご報告させていただきたいと存じますが
② いいですよ。できましたら、2、3日中にお願いします
③ はい。かしこまりました。では、そういうことで

問題
自分の場面で会話をしてください。

---

1. 話を預かる　to keep a conversation in mind
2. 後ほど　at a later time
3. 上　upstairs (to one's supervisors)
4. 前向き　positive
5. 価格　price; cost
6. 再検討する　to re-examine (something)
7. 後日　at a later date
8. 2、3日中に　within 2-3 days

第4課

営業報告会に出る
Attending a business report meeting

本文会話

課長　じゃあ、次、アナンさん、お願いします。
アナン　はい。お手元の資料をご覧ください。ABC商会のタイ進出の件に**関して**ご報告いたします。
課長　ABC商会がバンコク**を中心に**展開したいと言っていたシャツの件ですね。
アナン　はい。今、私が着ているこのシャツです。これは吸水性に優れ、防臭効果も高く、高温多湿のタイ**においては**うってつけの商品です。
ニール　そのシャツは営業用だったんですね。アナンさん**にしては**、派手だと思ったんですよ。
課長　よく似合ってますよ。資料によると、社長はあまりリスクを取りたくないということですね。
アナン　はい。それで、まず社長に、パイロット事業**として**始めてはどうかと提案しようと思います。
ニール　つまり、店舗を出して様子を見るということですね。
アナン　はい。うちのバンコク支店に聞い**たところ**、フラワーモールがよさそうだということでした。
朱　フラワーモールですか。タイのおしゃれなスポットとして、年齢**を問わず**人気がある所ですね。
アナン　はい。実際見てみ**ないことには**、イメージできないと思いますので、一度社長を現地視察にお連れしたいのですが。
課長　いいんじゃないですか。じゃあ、その方向で先方に提案して、話を詰めてください。
アナン　はい。承知しました。

Section Manager :	OK, next is Anan-san. Please go ahead.
Anan :	Thank you. Please look at the documents in front of you. I will make a report regarding the matter of ABC firm's expansion into Thailand.
Section Manager :	You said that ABC firm wants to expand with a focus on Bangkok. It's a matter of shirts, isn't it?
Anan :	Yes. It is this shirt that I am wearing now. It excels in water absorbency, it has high odor-blocking efficiency, and in the high heat, high humidity of Thailand, it is an ideal product.
Neal :	Ah, that shirt was for business! Considering it's you, Anan-san, I thought it was flashy!
Section Manager :	It looks good on you. According to the documents, the director does not want to take up a lot of risk, is that correct?
Anan :	Yes. So, to the director I'm thinking of proposing that they start as a pilot business.
Neal :	In other words, they will put out a store and see how it goes.
Anan :	Yes. When I asked our Bangkok branch, they said that Flower Mall seems to be good.
Shu :	Flower Mall? It's a stylish spot in Thailand that's popular no matter the age group, isn't it?
Anan :	Yes. We won't be able to get a good image unless we actually take a look, so once I'd like to take the director to observe the actual site.
Section Manager :	That's not a bad idea. In that case, please make a proposal to them in that direction and flesh out the discussion.
Anan :	Understood.

1. お手元 in front of (someone else) (honorific language)
2. 展開する to expand; to develop
3. 吸水性 absorbency
4. 優れる to excel
5. 防臭効果 odor-blocking efficiency
6. 高温多湿 high heat, high humidity
7. うってつけ ideal
8. パイロット事業 pilot business
9. つまり in other words
10. 店舗 store
11. 様子を見る to see how something goes; to wait and see
12. おしゃれ stylish
13. スポット spot (i.e. place)
14. 実際 actually
15. 現地視察 actual site observation
16. 話を詰める to flesh out a discussion; to talk more about the details

表現

1. 〜に関して regarding ...; related to ...

A： 論文のテーマは決まりましたか。
B： まだです。環境問題に関して、何か書きたいと思っているんですが。

A：Have you decided the topic of your thesis?
B：Not yet. But I think I want to write something related to environmental problems.

2. 〜を中心に with a focus on ...; centered on ...

A： プロジェクトはどうなっていますか。
B： リーダーの今井さんを中心に、順調に進んでいます。

A：How is your project going?
B：It's progressing well, centered on our leader, Imai-san.

3. 〜において(は) in/on/at (place, time, field, etc.)

A： 現代において環境問題は大きな関心事です。
B： おっしゃる通りですね。

A：In the modern day, environmental problems are huge matters of interest and concern.
B：You are absolutely right.

4. 〜にしては considering it's ...

A： 今日は蒸し暑いですね。
B： ええ、4月にしては、湿度が高いですね。

A：Today is humid, isn't it?
B：Yes, considering it's April, the humidity is really high.

5. 〜として as a ...

A： 今井さんはよくやっていますね。
B： ええ。リーダーとしてしっかりチームをまとめています。

A：Imai-san is doing well, isn't he?
B：Yes. As a leader, he is bringing the team together really well.

6. 〜たところ   when V(past)

A： お体は大丈夫でしたか。

B： ええ、検査したところ、特に問題はありませんでした。

A：How was your health?
B：Well, when I had an examination, there were no problems especially.

7. 〜を問わず   no matter the ...

A： 東京マラソンに参加したいんですが、外国人でも申し込めるでしょうか。

B： ええ、国籍を問わず、誰でも申し込めますよ。

A：I want to participate in the Tokyo Marathon, but can foreigners apply, too?
B：Yes, no matter the nationality, anyone can apply.

8. 〜ないことには…ない   can't/won't ... unless V

A： （パソコンの画面を見ながら）この服、どう思いますか。私に似合うと思いますか。

B： 写真だけじゃわからないですね。実際に着てみないことには、似合うかどうかわからないから、一度お店に行ったほうがいいですよ。

A：(*Looking at the computer screen*) What do you think of this outfit? Do you think it would look good on me?
B：I can't tell by just a photo. I won't know if it looks good on you or not unless you try it on, so we should go to the store one time.

問題

1〜8について、AとBの会話を作って練習してください。

---

1. 論文   thesis
2. テーマ   topic
3. 環境   environment
4. 現代   the modern day
5. 関心事   a matter of interest and concern
6. おっしゃる通りです
   You are absolutely right. (honorific language)
7. 蒸し暑い   humid
8. 湿度   humidity
9. まとめる   to bring (something) together
10. 検査する   to have an examination (medical)
11. 国籍   nationality

談話練習1　ミーティングで説明する
Explaining at a meeting

A：　早速ですが、①　**(切り出して説明する)**　。
　　　　　　　　　　　　　Begin explaining

　　　②　**(資料を見るように言う)**　をご覧ください。③　**(説明する)**　。
　　　　Have B take a look at the documents　　　　　　　　　　Explain

B：　④　**(詳しい説明を求める)**　ということですね。
　　　Ask for more detailed explanation

A：　⑤　**(詳しい説明をする)**　ということです。
　　　Give a more detailed explanation

B：　⑥　**(質問する)**　。
　　　Ask a question

A：　⑦　**(答える)**　。
　　　Answer

B：　⑧　**(意見を述べる)**　。
　　　Give your opinion

A：　⑨　**(返す)**　。
　　　Reply

1. （A：部下　B：上司）

① 今年度の売り上げ見通しに関してご説明いたします
② お手元の資料
③ これは、セグメント別の売り上げ見通しです。全体の営業利益は3000億円と、大幅に増える見通しです
④ 去年と比べて、10％増える
⑤ はい。アジアの景気拡大で、この地域は順調に売り上げを伸ばす見込みだ
⑥ アジアが順調な理由は何ですか
⑦ はい。一番の理由は、エアコン需要の拡大です
⑧ エアコンが買える人が増えているということですね
⑨ はい。おっしゃる通りです

2. （A：部下　B：上司）

① 先週のインドネシア出張の報告をいたします
② お手元の報告書
③ 外国車と比べて、日本車の売り上げは厳しい状況です
④ 日本車の価格が高い
⑤ はい。品質はいいものの、インドネシアの人たちの需要に合わない
⑥ 戦略がよくないということですか
⑦ 残念ですが、そういうことだと思います
⑧ 大幅な見直しが必要ですね
⑨ はい

3. （A・B：ボランティアグループの人同士）

① 貧困家庭の子どもの支援策について、ご提案します
② お配りした資料の3ページ
③ いくつか提案がございます
④ すぐできそうなのは、食事の提供
⑤ はい。学校の教室を利用して、週に3回子どもたちとその親に夕食を提供する
⑥ 費用面は大丈夫ですか
⑦ はい。現状では問題ないと思います。ただ、人数が増えた場合は、利用者に少し払っていただく可能性もあります
⑧ 貧困家庭にそれをお願いするのはちょっと……。市役所に相談してみてはいかがですか
⑨ そうですね

問題
自分の場面で会話をしてください。

---

1. 今年度　this fiscal year
2. 見通し　prospect(s)
3. セグメント別　segmented
4. 営業利益　operating profit
5. 大幅に　to a great extent
6. 景気拡大　economic expansion
7. 見込み　expectation
8. 需要　demand
9. 戦略　strategy
10. 見直し　review; reconsideration
11. ボランティア　volunteer
12. 貧困家庭　needy families
13. 提供　provision; support
14. 費用面　a cost point of view; the side of costs
15. 可能性　possibility

談話練習2　自分の意見を通す

Making someone accept your opinion

```
A： ①(否定的な意見を述べる)　。
    Give an opinion in the negative

B： ②(反対意見を述べる)　。
    Give the opposite opinion

A： ③(返す)　。
    Reply

B： ④(返す)　。
    Reply

A： ⑤(切り上げる)　。よろしく頼みます。
    End the conversation
```

1. (A：営業部部員　B：コンプライアンス部部員)

① もう少し調べてみないことには、事故の原因がはっきりわかりませんので、情報公開は待ったほうがいいと思いますが

② そうでしょうか。わかっている情報だけでも、早く公開するべきだと思います

③ 中途半端な情報で、お客さんにわかってもらえるでしょうか

④ お客さんから多くの問い合わせが来ている中で、何も言わなければ、当社の信頼はなくなってしまいます。準備は私のほうでしますので、お願いします

⑤ そうですか。そこまで言うなら……

2. (A：レストランの社長　B：その部下)

① そんな有名なシェフをうちの店に引き抜くなんて、無理でしょう

② 実は、ちょっとつてがありまして。可能性はあると思います

③ そうは言いますが、うちのような小さな店には来ないでしょう

④ 話してみるだけでもやらせていただけませんか

⑤ わかりました

3. (A：雑誌社の先輩　B：後輩)

① こっちの写真のモデルはちょっと……でもあっちの写真のモデルもあんまりよくないなあ
② 会ってみないことには、カメラ写りとか雰囲気とかがわかりませんよ
③ それもそうですね
④ こちらで面接の準備をしときましょうか
⑤ わかりました

問題
自分の場面で会話をしてください。

---

1. コンプライアンス部　compliance department
2. 情報公開　freedom of information
3. 中途半端　half-baked
4. 当社　this company
5. 信頼　trust
6. シェフ　chef
7. 引き抜く　to headhunt
8. つて　connections; influence
9. カメラ写り　picture quality
10. 雰囲気　impression (given off by someone)
11. 面接　interview

第5課

職場の人とランチに行く
Going to lunch with people from work

本文会話

ニール　ランチに行きませんか。
アナン　ええ。朱さん、行けますか。
朱　　　はい。大丈夫です。
ニール　外に行きましょう。人気のラーメン店があるんですよ。
アナン　いいですね。

アナン　人気店**だけあって**、すごい行列ですね。
ニール　今日はいつもよりましですよ。昨日は行列が10メートルでしたから。
アナン　そうですか。何がおいしいんですか。
ニール　ここは、塩がいけるんです。スープのうまさ**にかけては**、東京一だと思いますよ。
朱　　　東京中のラーメン屋をご存じなんですか。
ニール　まあね。全部**というわけじゃない**ですけどね。
アナン　すごいですね。

アナン　本当においしいですね。麺**からして**違いますね。
ニール　そうなんです。ほかの店でこの麺は食べられませんよ。この店**ならでは**のものだと思いますね。
朱　　　はい。おいしい**としか言いようがない**ですね。
ニール　自分が勧めたものをみんながいいと言ってくれるのは、うれしい**ものです**ね。もう一軒近くにおいしいのがあるんですが、あしたどうですか。
アナン　あしたですか……二日連続でラーメンを食べるというのは、ちょっと……。
朱　　　そうですね……。

Neal：	Would you like to go to lunch?
Anan：	Sure. Shu-san, can you go?
Shu：	Yes. It's OK.
Neal：	Let's go out. There's a popular ramen restaurant.
Anan：	Sounds good.

Anan：	Even for a popular restaurant, this is a huge line.
Neal：	Today is better than usual. Yesterday the line was 10 meters long.
Anan：	Oh really? What is good?
Neal：	Here, the salt ramen is really something. Going by the deliciousness of the soup, I think it's #1 in Tokyo.
Shu：	Do you know the ramen restaurants in Tokyo?
Neal：	Well, yeah. But not necessarily all of them.
Anan：	Wow.

Anan：	It really is good. Even the noodles are different, aren't they?
Neal：	Yes. You can't eat these noodles at other restaurants. I think they're something you can get only at this restaurant.
Shu：	Yes. I can't say anything except, "How delicious!"
Neal：	I am so happy that you say you like the thing I recommended. There's one other good restaurant nearby. How about going tomorrow?
Anan：	Tomorrow.... Eating ramen two days in a row is a little much.
Shu：	Yeah...

1. 行列（ぎょうれつ）　line
2. まし　better (than something)
3. いける
   to be really something (i.e. to be good)
4. うまさ　deliciousness
5. 〜一（いち）　#1 in ...
6. 麺（めん）　noodles
7. 勧（すす）める　to recommend
8. 〜軒（けん）　(counter for houses/shops/restaurants)
9. 連続（れんぞく）　in a row; one after another

第5課　本文会話

53

表現

1. 〜だけあって　even for ...

A： 日曜日の原宿だけあって、すごい人ごみですね。
B： そうですね。本当にすごいですね。

A： Even for Harajuku on a Sunday, this is such a crowd!
B： You're right. It really is amazing.

2. 〜にかけては　going by ...

A： 今度異動してきた谷村さんは、どうですか。
B： ええ、優秀ですよ。営業力にかけては支店一だと思います。

A： How is Tanimura-san, who recently transferred here?
B： Well, she's exceptional. Going by her sales ability, I think she is #1 in our branch.

3. 〜というわけじゃない　not necessarily ...

A： 安田さん、今日のお昼も納豆巻きですね。毎日食べているんですか。
B： いや、毎日というわけじゃないけど、最近はまっちゃってね。

A： Yasuda-san, your lunch today is natto sushi rolls again? Do you eat that every day?
B： No, not necessarily every day, but these days I'm totally crazy about them.

4. 〜からして　even

A： 新人の青木さんはどうですか。
B： うーん、マナーがちょっと……あいさつからしてよくないですね。

A： How's the new employee, Aoki-san?
B： Well, his manners are not good. Even his greetings, aren't good!

5. 〜ならでは　only in/at ...

A： すばらしいサービスですね。
B： ええ。日本の旅館ならではですね。

A： This service is amazing!
B： Yes. Only at Japanese traditional inns, right?

6. 〜としか言いようがない   to be unable to say anything except "..."

A： 山川さんは今日も休みだって。
B： ええっ！　休んでばかりいて、ひどいとしか言いようがないね。

A: Yamakawa-san said that he's taking today off, too!
B: What? He's doing nothing but taking days off. I can't say anything except, "How awful!"

7. 〜ものだ   (used to emphasize an emotion)

A： 野村さんが今月いっぱいで定年退職されるそうですよ。
B： そうですか。長年いた人がいなくなるのは、寂しいものですね。

A: I heard that Nomura-san will be made to retire after this month.
B: I see. When someone who's been around for many long years leaves, it's very lonely, isn't it?

問題
1〜7について、AとBの会話を作って練習してください。

---

1. 人ごみ　crowd
2. 異動する　to transfer (within a company)
3. 優秀　exceptional
4. 営業力　sales ability
5. 納豆巻き　natto sushi rolls
6. はまる　to be crazy about (something)
7. 〜ちゃう（＝〜てしまう）to do something completely
8. ひどい　awful
9. 今月いっぱい　after this month
10. 定年退職する　to retire (after reaching the age of mandatory retirement)
11. 長年　many (long) years

第5課　表現

55

談話練習1　評価する
Evaluating

A：　① <u>（評価を求める）</u>　はどうでしたか。
　　　　　Ask for an evaluation

B：　② <u>（評価する）</u>　。
　　　　　Evaluate

A：　そうですか。③ <u>（さらに評価を求める）</u>　。
　　　　　　　　　　　　Ask for further evaluation

B：　④ <u>（評価する）</u>　。
　　　　　Evaluate

A：　⑤ <u>（返す）</u>　。
　　　　　Reply

1.（A：後輩　B：先輩）

① 先日いらしたすし屋
② うーん、悪くはなかったけど、期待通りというわけではなかったな
③ どうしてですか
④ コスパがね……おまかせで3万円もするんだから。今は1万円でけっこうおいしいすしが食べられるからね
⑤ そうですね。3万円は高いですね

2.（A・B：人事部の同僚同士）

① 昨日面接した今井さん
② いい人でしたよ。話し方からして違いますね
③ 語学力はどうでしたか
④ ええ。留学経験が長いだけあって、ペラペラでしたよ
⑤ そうですか。いい人でよかったですね

3. （A・B：同僚同士）

① 京都
② ええ、桜が見事でした
③ お寺や神社へは行きましたか
④ はい。お寺で座禅をしました。気持ちが落ち着きました
⑤ 京都ならではですね。旅行はいいものですよね

問題
自分の場面で会話をしてください。

---

1. 期待通り　meeting (one's) expectations
2. コスパ　cost performance
3. おまかせ　chef's choice
4. 〜円もする　to cost up to ... yen
5. 人事部　Human Resources (HR)
6. ペラペラ　fluent
7. 見事　beautiful; splendid
8. 神社　shrine
9. 座禅　sitting cross-legged in Zen meditation
10. 落ち着く　to calm down

談話練習2　誘いを断る
Declining an invitation

A： ①　**(誘う)**　に行きませんか。
　　　　Invite B

B： ②　**(断る)**　はちょっと……。③　**(謝る)**　。
　　　　Decline　　　　　　　　　　　　Apologize

A： ④　**(もう一度誘う)**　。
　　　　Invite B again

B： ⑤　**(事情を話して断る)**　。
　　　　Explain the circumstances and decline

A： ⑥　**(返す)**　。
　　　　Reply

1.（A・B：同僚同士）
① 谷村さん、お昼
② 今
③ すみません、先に行ってください
④ 仕事終わりそうなら待ってますけど
⑤ まだちょっと……。お客さまからの連絡待ちなんです
⑥ そうですか。じゃあ、お先に

2.（A・B：同僚同士）
① 江川さん、今週の土曜日、みんなでお花見
② 土曜日
③ 申し訳ありません。残念です
④ じゃあ、日曜日はどうですか。日曜日のほうがよければ、みんなに聞いてみますけど
⑤ 実は、5年ぶりに両親が東京に来るんです。せっかく誘ってくれたのに、すみません

⑥ いえいえ。親孝行のいい機会ですね

3. (A・B：同僚同士)
🎧 35
① 今晩、内村さんと焼肉を食べるんです。一緒に食べ
② 今晩
③ ごめんなさい
④ えー、安田さんが好きな焼肉ですよ。めったに予約が取れない店ですよ
⑤ あした、朝6時の新幹線で大阪に出張なんです。行きたいのはやまやまなんですけど
⑥ そっか。じゃあ、しょうがないですね。また機会があったらぜひ

問題
自分の場面で会話をしてください。

---

1. 連絡待ち　waiting for contact
2. 〜ぶり　for the first time in ...
3. せっかく　kindly
4. 親孝行　loyalty towards parents
5. 機会　chance; opportunity
6. 焼肉　yakiniku (grilled meat)
7. めったに〜ない　to rarely (do something)
8. 〜たいのはやまやまだ
   to really want (to do something)

第6課
家族と休みの計画を立てる
Making vacation plans with family

本文会話

あや　　ねえ、そろそろお正月休みの計画を立てない？
アナン　ああ、そうだね。あったかいとこで、1か月ぐらいゆっくりしたいなあ。
あや　　そんなに長く、休め**っこない**でしょ。あのさ、ニールさんに聞いたんだけど、北海道がすごくよかったって。あの人が言うんだから、間違いないよ。
アナン　北海道で何するの？
あや　　スキーをする**に決まってる**じゃない。スノーボードでもいいけど。
アナン　スキー**にしても**スノボ**にしても**、大学時代にやっ**たきり**だから……怪我でもしたら、仕事**どころじゃなく**なっちゃうよ。沖縄はどうかな？ニールさんによると、冬の沖縄はあったかくていいそうだよ。
あや　　冬の沖縄で何するの？
アナン　ビーチで何もしないで、ただボーっとするだけでいいじゃない。
あや　　そんなの、退屈で嫌だよ。
アナン　お正月ぐらいボーっとさせてよ。
あや　　わかったわかった。じゃあ、これはどう？　北海道の温泉付きのスキーリゾートに行くっていうのは？
アナン　僕は温泉でボーっとするってこと？
あや　　そういうこと。

(北海道のスキー場で)
アナン　なんで僕があやと一緒にスキーしてるんだ？　僕はボーっとしたいって言ったはずなのに。寒く**てたまらない**よ。
あや　　滑れば、すぐあったかくなるから。さあ、行こう！

Aya： Hey, let's make our New Year's vacation plans soon.
Anan： Oh, yeah. I really want to relax for about a month in someplace warm.
Aya： There's no way we can take such a long vacation! Listen, I heard from Neal-san that Hokkaido was really great. Since that guy says so, there's no mistake.
Anan： What would we do in Hokkaido?
Aya： We'd go skiing, of course! Snowboarding is also good, though.
Anan： Whether it's skiing or snowboarding, the last time I did those sports was in college, so... if I get injured or something, I'll become unable to work! How about Okinawa? According to Neal-san, Okinawa in winter is warm and nice.
Aya： What would we do in Okinawa in winter?
Anan： Isn't it enough to do nothing on the beach and just chill out?
Aya： That's boring! I don't want to do that.
Anan： Just for New Year's, let me do nothing!
Aya： OK, OK. How about this? Why don't we go to a ski resort with a hot spring in Hokkaido?
Anan： You mean I would do nothing in a hot spring?
Aya： Yes.

(At a ski lodge in Hokkaido)
Anan： Why am I skiing with you, Aya? I thought I said that I wanted to do nothing! It's so cold!
Aya： If you slide down the mountain, you'll soon get warm. OK, let's go!

1. 正月　New Year's
2. 計画を立てる　to make plans
3. あったかいとこ（＝あたたかいところ）someplace warm
4. スノボ（＝スノーボード）snowboarding
5. ボーっとする　to chill out; to do nothing
6. 退屈　boring
7. 〜付き　with ...
8. スキーリゾート　ski resort
9. 滑る　to slide

表現

1. 〜っこない　there's no way ...

A： 今日中に課長にレポートを5本出せって言われたんだ。
B： 今、夜の10時だよ。
A： できっこないよな……。

A：I was told by the section manager to turn in 5 reports by sometime today.
B：It's 10:00 at night now.
A：There's no way I can do it...

2. 〜に決まってる　..., of course; definitely ...

（居酒屋で）
A： 安田さんは、今日来るかな。わからないって言ってたけど。
B： 安田さんは来るに決まってるよ。何よりお酒が好きなんだから。

(At an izakaya)
A：I wonder if Yasuda-san is coming today. He said he wasn't sure.
B：Yasuda-san is definitely coming. He likes alcohol more than anything.

3. 〜にしても〜にしても　whether it's ... or ...

A： うちは、市場に行って魚や野菜を買うことにしているんです。
B： 市場まで遠いでしょう。面倒じゃない？
A： ええ。でも魚にしても野菜にしても鮮度が一番だから。

A：I've decided to go to the market and buy fish and vegetables.
B：The market is far away, right? Isn't it troublesome?
A：Yes, it is. But whether it's fish or vegetables, freshness is most important.

4. 〜たきり　the last time (someone did something)

A： 青木さん、最近どうしてるか知ってる？
B： いや、全然知らない。去年、展示会で会ったきり一度も会ってないから。

A：Do you know what Aoki-san has been doing recently?
B：No, I have no idea. The last time I met him was at the exhibition last year, and since then I haven't met him once.

5. 〜どころじゃない　this is not the time for ...; to not be able to ...

A：　週末、どこか旅行に行きましょうよ。
B：　無理だよ。週明けに昇進試験があるんだから、旅行どころじゃないよ。

A：Let's take a trip somewhere this weekend!
B：No way. At the beginning of the week I have a promotion test, so this is not the time for a vacation! (i.e. I can't take a vacation!)

6. 〜てたまらない　so; very

A：　あれ、手が赤く腫れてますよ。
B：　アレルギーなんだ。かゆくてたまらないんだ。
A：　お気の毒に。

A：Oh, your hands are red and swollen!
B：It's an allergic reaction. They're so itchy!
A：I'm really sorry about that.

問題
1〜6について、AとBの会話を作って練習してください。

第6課　表現

---

1. 市場　market
2. 鮮度　freshness
3. 週明け　the beginning of the week
4. 昇進試験　promotion test
5. 腫れる　to swell
6. アレルギー　allergic reaction
7. かゆい　itchy

談話練習1　親しい人を説得する
Persuading someone close to you

> A： ①　**(提案する)**　？
> 　　　Make a suggestion
>
> B： ②　**(否定的に答える)**　。
> 　　　Answer in the negative
>
> A： ③　**(提案を強く押す)**　に決まってるでしょ。
> 　　　Strongly press your suggestion
>
> B： それはそうだけど……。
>
> A： じゃあ、④　**(妥協案を出す)**　はどう？　⑤　**(理由を言う)**　から。
> 　　　　　　　Make a compromise　　　　　　　Give reason(s)
>
> B： ⑥　**(受け入れる)**　。
> 　　　Accept the compromise

1. （A：妻　B：夫）

37

① 夏休み、京都に行かない
② 京都？　暑いし高いから、気が進まないなあ
③ 夏なんだからどこにいても暑い
④ 軽井沢
⑤ 涼しいし、知り合いの別荘がただで借りられる
⑥ そうか。じゃあ、行ってもいいよ

2. (A・B：残業している同僚同士)

① 仕事が終わったら、牛丼屋に行かない
② えー、もう11時だよ。今日は食べないで帰って寝る
③ えー、体に悪いよ。夕飯は食べる
④ 野菜料理の店
⑤ 野菜だけなら胃にもたれない
⑥ そうね。じゃあ、付き合うよ

3. (A・B：友達同士)

① 誘われたなら、パーティに行ったら
② でも疲れているし、パーティは好きじゃないし
③ いつも出会いがほしいって言っているじゃない。行動しなければ、出会いなんてない
④ 今回だけ行くの
⑤ いい出会いがあったら、疲れなんて吹き飛ぶ
⑥ わかった。とりあえず行ってみる

問題
自分の場面で会話をしてください。

---

1. 気が進まない to be unwilling (to do something)
2. 別荘 cottage; villa
3. ただで for free
4. 胃にもたれる to be heavy on the stomach
5. 出会い a meeting; an encounter
6. 行動する to act
7. 吹き飛ぶ to blow away (i.e. to disappear)
8. とりあえず for the time being

談話練習2　親しい人を慰める
Comforting someone close to you

A ： どうしたの？ ①（事情を聞く）。
　　　　　　　　　　Ask about B

B ： 聞いてよ。②（事情を話す）。
　　　　　　　　　Talk about your situation

A ： そう。③（慰める）。
　　　　　　　Comfort B

B ： ④（事情を補足する）。
　　　Give additional information

A ： ⑤（もう一度慰める）。
　　　Comfort B again

B ： ありがとう。

1.（A・B：同僚同士）
40
① イライラしちゃって
② 帰ろうとしたら、課長に呼ばれて至急の仕事を頼まれたんだ
③ お疲れ様
④ 何も食べてないから、おなかがすいてたまらないよ
⑤ これ、お土産でもらったクッキーだけど、食べて

2.（A・B：同僚同士）
41
① ランチに行ってないでしょう
② ABC社がこんな値段じゃ、話にならないって見積書を突き返してきたんだ
③ 大変だね
④ これでもう3回目だよ。まったく、やってらんないよ
⑤ 何か食べる物を買ってこようか

3. (A・B：同僚同士)

① 足
② 今朝、電車を降りようとしたら、つまずいて転んで、病院に行ったんだ
③ 大変だったね
④ 検査したら、足の骨にひびが入ってるって言われて
⑤ ええ！ ひび?! そりゃ、ついてないね。困ったことがあったら言って。手伝うから。

問題
自分の場面で会話をしてください。

---

1. イライラしちゃって（＝イライラしてしまって）
   to be irritated (unfortunately)
2. 至急　urgent
3. 話にならない　out of the question
4. 突き返す　to send back; to reject
5. やってらんない（＝やっていられない）
   can't afford to do this
6. つまずく　to trip
7. 転ぶ　to fall
8. 骨にひびが入る　to fracture a bone
9. ついてない　to be unlucky

第7課

人材紹介会社の人と会う約束をする
Making plans to meet someone from an employment agency

本文会話

（電話で）

アナン　はい、アナンです。
鈴木　　コスモエージェントの鈴木です。
アナン　あ、どうも鈴木さん。こんにちは。
鈴木　　お世話になっております。今、ちょっとお時間よろしいでしょうか。
アナン　どうぞ。
鈴木　　実は、アナンさんにぜひご紹介したい会社がありまして、ご連絡しました。
アナン　ありがとうございます。どんな会社ですか。
鈴木　　コンサルティング会社です。アナンさんのご希望**通り**の条件ですよ。
アナン　そうですか。
鈴木　　ええ、銀行での業務経験を活かし**つつ**、新たな挑戦もできるお仕事だと思います。つきましては、近い**うちに**お目にかかって、詳細をご説明したいと存じますが、今週のご都合はいかがでしょうか。
アナン　今週ですか。今週は会議**やら**出張**やら**で忙しい**ものですから**……。来週の火曜日以降でしたら、時間が取れ**ないこともない**んですが。
鈴木　　そうですか。アナンさん、私の経験**からすると**、こういうことはタイミングが大切な**だけに**、先延ばしにするのはあまりお勧めできません。30分ぐらいでいいですから、お時間を作っていただけませんか。
アナン　わかりました。では、明日の12時半はいかがですか。
鈴木　　承知しました。それでは、明日の12時半に弊社でお待ちしております。
アナン　よろしくお願いいたします。
鈴木　　こちらこそ、よろしくお願いいたします。では、失礼いたします。

(*On the phone*)

Anan： Hello, Anan speaking.
Suzuki： This is Suzuki with Cosmo Agent.
Anan： Oh, Suzuki-san. Hello.
Suzuki： Thank you for continuing to use our service. Do you have a little time now?
Anan： Yes, what is it?
Suzuki： Actually, I called because there is a company that I would very much like to introduce to you, Anan-san.
Anan： Thank you. What kind of company?
Suzuki： It's a consulting firm. The conditions are exactly according to your wishes.
Anan： Really?
Suzuki： Yes, I think it is a job where you can challenge yourself at Something new while making the best use of your business experience at the bank. Along those lines, I would like to meet with you in the near future and explain the details. How is your schedule this week?
Anan： This week? This week I am busy because of meetings and business trips and so on.... After Tuesday next week, it would not be impossible to make time, though.
Suzuki： I see. Anan-san, from my experience, with things like this timing is important, and for precisely that reason I really cannot recommend putting this off. Around 30 minutes is fine, so would you be able to make time for me?
Anan： OK. In that case, how about tomorrow at 12:30?
Suzuki： Understood. Then I will be waiting at our agency tomorrow at 12:30.
Anan： Thank you very much.
Suzuki： No, thank you. Goodbye.

1. コンサルティング会社　consulting firm
2. 希望　wish; desire; hope
3. 条件　conditions
4. 業務　business
5. 経験を活かす　to make the best use of experience
6. 新たな挑戦　a new challenge
7. つきましては　along those lines
8. 詳細　the details
9. 都合　schedule
10. 〜以降　after ...
11. タイミング　timing
12. 先延ばしにする　to put (something) off
13. 時間を作る　to make time

表現

1. ～通り exactly according to ...

　　A： オフィスの移転作業はどのようにすればよろしいでしょうか。
　　B： 総務部からメールがあると思いますので、その指示通りに動いてください。

A: How should we do the work of relocating the office?
B: I think there's an email from the general affairs department, so please work exactly according to those instructions.

2. ～つつ while ...

　　A： 企画案の作成にあたっては、予算を考慮しつつ進めてください。
　　B： はい。承知しました。

A: When creating the project proposal, move forward while considering the budget.
B: Yes. Understood.

3. ～うちに in ...; during ...; while ...

　　A： 若いうちにいろいろな経験を積んだほうがいいですよ。人生の財産になりますから。
　　B： おっしゃる通りですね。

A: You should accumulate a lot of experiences while you are young. They will become assets in your life.
B: You're absolutely right.

4. ～やら～やら ... and ... and so on

　　A： 週末はどうでしたか。
　　B： 忙しかったよ。家事やら、子守りやらで全然ゆっくりできなかったよ。
　　A： それは大変でしたね。

A: How was your weekend?
B: It was busy. With housework and babysitting and so on, I couldn't relax at all!
A: That must have been tough.

5. ～ものだから it's because ...; because of ...

　　A： あれ、タクシーで帰らないんですか。

B： ええ。うちまで近いものですから……。歩いて帰ります。

A：Oh, you won't go home by taxi?
B：Yes. It's because my home is close by.... I'll walk home.

6. ～ないこと(は／も)ない　it's not impossible to ...

A： 先ほどお願いした仕事ですが、今日5時までにできますでしょうか。
B： 5時までですか。できないことはないんですが、うーん、厳しいですね。

A：It's about the job that I asked you to do a while ago. Could you finish it by today at 5:00?
B：By 5:00? It's not impossible to finish, but, well, it'll be tough.

7. ～からすると　from (one's perspective)...

A： 日本の会社は、決定が遅すぎます。外国人の私からすると、なんでそんなに時間がかかるのか、全く理解できません。
B： 確かにそういう面もありますが……。

A：In Japanese companies, decision-making is too slow. From my perspective as a foreigner, I absolutely cannot understand why it takes so much time!
B：Certainly, there's also that point of view, but...

8. ～だけに　for precisely that reason, ...

A： 昨日の会議、眠くなっちゃったよ。
B： 私なんかいつもそうだよ。部長の話し方が単調なだけに、すぐ眠くなるんだ。

A：I felt sleepy during yesterday's meeting.
B：I always feel that way. The head of the department's way of speaking is dull, and for precisely that reason I get sleepy very quickly.

問題
1～8について、AとBの会話を作って練習してください。

---

1. 移転作業　relocation work
2. 作成　creating
3. 考慮する　to consider
4. 経験を積む　to accumulate experiences
5. 財産　assets
6. 家事　housework
7. 子守り　babysitting
8. 決定　decision-making
9. 理解する　to understand
10. そういう面もある　There's also that point of view
11. 単調　dull

談話練習1　相手を説得する
Persuading someone

A：　① **(提案する)**　。
　　　　Make a suggestion

B：　② **(否定的な意見を述べる)**　。
　　　　Give an opinion in the negative

A：　③ **(説得する)**　。
　　　　Persuade B

B：　そうですねえ……　④ **(消極的に受け入れる)**　。
　　　　　　　　　　　　　Half-heartedly accept

A：　そうですか。では、⑤ **(具体的に提案する)**　。
　　　　　　　　　　　　　Explain your suggestion in detail

B：　⑥ **(受け入れる)**　。
　　　　Accept

A：　⑦ **(返す)**　。
　　　　Reply

1. （A：営業担当　B：顧客）

① お客様のご要望通りの商品だと思いますが、いかがでしょうか
② いい商品ですが、ずいぶん高いですね
③ 確かにお値段のほうはそうなんですが、品質は大きく向上しています。お使いになれば、必ずご満足いただけると思います
④ それにしても高いですね。もう少し安ければ、考えないこともないんですが……
⑤ まとめ買いはいかがでしょうか。そういうことでしたら、お値引きを検討させていただきますが
⑥ では、その方向でご検討いただけますか
⑦ わかりました

2. (A：上司　B：部下)

① 今度の昇進試験を受けてみたら
② いやあ、今の仕事と試験の準備を両立させるのは難しいですから……
③ それはそうかもしれないけど、そんな消極的な姿勢でどうするの
④ 来年ならぜひ受けたいと思いますが
⑤ 仕事の分担を見直して、負担を減らすから。そうしたら今年受けられるね
⑥ 頑張ってみます
⑦ しっかりね

3. (A：出版社の人　B：医者)

① 先生のブログを本にして出版しませんか
② 今は忙しくてそれどころじゃないですよ
③ 確かにお忙しいことはよく存じておりますが、先生のブログは面白いので、出版すれば必ず売れると思います
④ そちらで手伝ってもらえるんだったらやれないこともないけど……
⑤ 先生のブログをベースにして、私たちが原稿を作ります
⑥ そこまで言ってくださるなら……
⑦ ありがとうございます

問題
自分の場面で会話をしてください。

---

1. 顧客　customer; client
2. 要望　request
3. 向上する　to improve; to advance
4. まとめ買い　buying in bulk
5. 両立する
   to exist at the same time (without any problems)
6. 消極的な姿勢　half-hearted attitude
7. 分担　allotment; share
8. 負担　burden
9. 出版　publishing
10. ブログ　blog
11. ～をベースにして　based on ...
12. 原稿　manuscript

談話練習2　日時を調整する
Arranging a day and time

A：　① **(都合を聞く)**　。
　　　Ask about B's schedule

B：　そうですね。② **(日にち・曜日を提示する)**　はいかがですか。
　　　　　　　　　　　　　Offer a date and a day

A：　③ **(自分の都合を言う)**　。
　　　　Explain your own schedule

B：　そうですか。では、④ **(日時を再提示する)**　。
　　　　　　　　　　　　　　Offer a different day and time

A：　⑤ **(受け入れる)**　。
　　　Accept

---

1. （A・B：取引先同士）
① ご都合はいつがよろしいでしょうか
② 来週の木曜日
③ すみません。来週の木曜日はちょっと……。出張なものですから。来週は木曜日以外でしたらいつでも大丈夫なんですが
④ 来週の金曜日の午後3時でお願いします
⑤ はい。わかりました

2. （A・B：取引先同士）
① ご都合はいかがでしょうか
② 明後日
③ 明後日ですか。午前中でしたら、大丈夫なんですが
④ 10時はいかがですか
⑤ 承知しました

3. (A・B：取引先同士)

① いつにいたしましょうか
② 週明け
③ 週明けですか。申し訳ありません。月曜日は終日会議が入っておりまして……。週の後半でしたらいつでも構わないんですが
④ 木曜日の4時でよろしいでしょうか
⑤ はい。結構です

問題
自分の場面で会話をしてください。

---

1. 〜以外　besides ...
2. 明後日　the day after tomorrow
3. 終日　all day
4. 会議が入る　to have a meeting
5. 週の後半　the latter half of the week
6. 構わない　no problem
7. 結構　that's fine

第8課
人材紹介会社の人と面談をする
Interviewing with someone from an employment agency

本文会話

鈴木　どうもお待たせしました。
アナン　どうも。お昼休みにお邪魔しましてすみません。
鈴木　いえいえ。こちらこそ、お忙しいところわざわざお越しいただいてありがとうございます。どうぞおかけください。
アナン　ありがとうございます。では、失礼します。
鈴木　早速ですが、ご紹介したいのは、こちらの会社です。どうぞ資料をご覧ください。
アナン　拝見します。……タイに進出したいと考えている日本企業のコンサルティング会社ですね。
鈴木　はい。M&A案件**をはじめとした**戦略系コンサルティング業務を中心に展開している会社です。アナンさんはタイに関わる仕事をなさりたいとおっしゃっていました。今回のお話は、業務面**のみならず**、給与面でもアナンさんのご希望を十分に満たすものだと思います。
アナン　そうですね。お話をお聞きした**限りでは**、面白そうなところですね。
鈴木　はい。ご存じの通り、グローバル化**に伴って**、コンサルティング業務の需要は年々高まっています。この会社は大手ではありませんが、経営陣が若い**ながらも**優秀で、将来性の点でも期待ができます。
アナン　そうですね。**もし**入社する**としたら**、いつから働くことになりますか。
鈴木　できるだけ早く、というのが先方の希望ですが、調整は可能です。
アナン　そうですか。わかりました。家族とも相談しなければなりませんので、少しお時間をいただけますか。
鈴木　いつ頃、お返事をいただけますか。
アナン　今月中には、と思っていますが……。結論が出**次第**、お返事をいたします。
鈴木　承知しました。ぜひ前向きなご検討をよろしくお願いいたします。
アナン　はい。

Suzuki：	Thank you for waiting.
Anan：	Good afternoon. I'm sorry to bother you during your lunch break.
Suzuki：	No, no. I'm the one who should be sorry. Thank you for specially coming here when you're busy. Please have a seat.
Anan：	Thank you. Please excuse me.
Suzuki：	Without delay, what I want to introduce to you is this company. Please look at these documents.
Anan	I'll take a look. ... This is a Japanese consulting firm that is thinking they want to expand into Thailand, isn't it?
Suzuki：	Yes. It's a company that is expanding with a focus on the strategic consulting business, beginning with the matter of mergers and acquisitions. Anan-san, you said that you want to do work related to Thailand. As for the conversation this time, I think it more than satisfies your wishes from a business point of view as well as a salary point of view.
Anan：	Yes. To the extent that I've heard of this conversation, it seems like an interesting place.
Suzuki：	Yes. As you know, in accordance with globalization, the demand for consulting businesses is rising year by year. This company is not big, but management is excellent despite being young, and in terms of future prospects we can expect much from them.
Anan：	I see. If I entered the company, when would I start working?
Suzuki：	"As soon as possible" is their hope, but this can be adjusted.
Anan：	I see. I understand. I have to consult with my family, so may I have a little time?
Suzuki：	Around when can we have your reply?
Anan：	Within the month, I think... but I will reply as soon as I come to a conclusion.
Suzuki：	Understood. By all means, please take positive consideration.
Anan：	I will.

---

1. 案件　matter; subject; case
2. 〜系　-type; concerning ... (used when modifying a noun)
3. 給与面　a salary point of view
4. 満たす　to satisfy; to fulfil
5. ご存じの通り　as you know (honorific language)
6. グローバル化　globalization
7. 年々　year by year
8. 高まる　to rise
9. 大手　a big company
10. 経営陣　management
11. 将来性　future prospects
12. 〜の点で　in terms of ...
13. 調整　adjustment
14. 結論が出る　to come to a conclusion

表現
ひょうげん

1. 〜をはじめ（として／とした）　beginning with ...

A： 日本のどんなところが好きですか。
B： すしをはじめとした和食が素晴らしいところです。

A：What do you like about Japan?
B：The wonderful Japanese food, beginning with sushi.

2. 〜のみならず　as well as ...

A： 工場で起きた火事の被害は、どの程度だったんですか。
B： 工場のみならず、隣の研究所も大きな被害を受けました。

A：What was the degree of damage from the fire that occurred in the factory?
B：The factory as well as the research facility next-door took great damage.

3. 〜限り（では）　to the extent that ...

A： うちの会社がA社と合併するかもしれないと聞きましたが。
B： いえ、私が知っている限りでは、その可能性は低いと思います。

A：I heard that our company may merge with A Co.
B：No, to the extent that I know, I think that possibility is low.

4. 〜に伴って　in accordance with ...

A： 貿易の自由化に伴って、どんなメリットが期待できますか。
B： 農産物の価格が下がることが期待できます。

A：In accordance with the liberalization of trade, what merits can we expect?
B：We can expect that the prices of agricultural produce will decrease.

5. 〜ながら（も）　despite ...

A： 新しいうちはどう？
B： うん、狭いながらも快適だよ。

A：How is your new home?
B：Well, it's comfortable despite being small.

6. (もし)〜としたら   If V (past), ...would V (base)

A： もし転職するとしたら、どんな仕事がしたいですか。
B： そうですね。マーケティングの仕事に就きたいです。

A：If you changed jobs, what kind of job would you like to do?
B：Hmm. I'd like to start a marketing job.

7. 〜次第   as soon as ...

(電話で)
A： はい、秘書室です。
B： 営業部の池田ですけど。社長は今、いらっしゃる？ ちょっと話したいことがあるんだけど。
A： ただいま、外出していらっしゃいます。お戻りになり次第ご連絡します。

(*On the phone*)
A：Yes, this is the secretarial office.
B：It's Ikeda from the sales department. Is the director in? I have something I'd like to talk about with him.
A：He's out at the moment. I will contact you as soon as he returns.

問題

1〜7について、AとBの会話を作って練習してください。

---

1. 和食　Japanese food
2. 被害　damage
3. 程度　degree
4. 合併する　to merge
5. 貿易の自由化　the liberalization of trade
6. メリット　merit(s)
7. 農産物　agricultural produce
8. 快適　comfortable
9. 転職する　to change jobs
10. マーケティング　marketing
11. 仕事に就く　to start a job

談話練習1　会社について尋ねる
Asking about a company

A：　① (説明をする)　。
　　　　Give explanation

B：　そうですか。② (感想を述べる)　。
　　　　　　　　　　　Give your impressions

A：　ええ、③ (補足説明をする)　。
　　　　　　　Give additional explanation

B：　④ (質問をする)　。
　　　　Ask a question

A：　⑤ (答える)　。
　　　　Answer B's question

B：　わかりました。⑥ (受け入れる)　。
　　　　　　　　　　　Accept

A：　⑦ (返す)　。
　　　　Reply

1. （A：人材紹介会社の社員　B：求職者）

① この会社は全国展開しているホテルグループです。日本のビジネスマンのみならず、外国人観光客にもよく利用されています
② 資料を見ると、業績も順調ですね
③ 給料も業界トップです
④ そうですか。働くとしたら、どこになりますか
⑤ おそらく東京になると思います
⑥ では、話を進めてください
⑦ はい。承知しました

2. (A：上司　B：部下)

① 今回の出向先は、小さいながら、確かな技術力を持った会社です。日本企業のみならず、欧米の企業にも製品を提供しています
② ただ、資料を読む限り、財務面に問題がありますね
③ その通りです。だからこそ、あなたの力が必要なんです。あなたに財務面の立て直しをお願いしたいと考えています
④ 承知しました。立て直しにどのぐらいの時間をいただけますでしょうか
⑤ 2年でお願いします
⑥ 精一杯頑張ります
⑦ よろしく頼みます

3. (A：大学の就職課の人　B：大学生)

① この会社は今、業界で注目を集めている企業です。最近、環境技術に関する特許を取得して、これから大きなビジネスが期待できると言われています
② お話を聞く限り、将来性がありそうですね
③ 連続休暇をはじめとした休暇制度も充実していますし、社員教育にも力を入れているようですよ
④ アメリカへ行きたいんですが、留学はできますか
⑤ はい。大学院はもちろん、研究機関への派遣もあると聞いています
⑥ では、資料をいただけますか
⑦ はい

問題
自分の場面で会話をしてください。

---

1. 人材　human resources
2. 求職者　job applicant
3. 出向先　place of transfer
4. 財務面　a financial affairs point of view
5. 立て直し　reorganization
6. 注目を集める　to attract attention
7. 環境技術　environmental technology
8. 特許を取得する　to acquire a patent
9. 充実する　to be substantial
10. 研究機関　research institution
11. 派遣　dispatch

談話練習2　返事を保留する
Holding off a reply

A: ① **(尋ねる)**　。
　　Ask a question

B: 申し訳ありません。少しお時間をいただいてもよろしいでしょうか。
　　② **(理由を説明する)**　。
　　Explain reason(s)

A: ③ **(催促する)**　。
　　Demand an answer

B: ④ **(答える)**　。
　　Answer

A: ⑤ **(返す)**　。
　　Reply

1. (A・B：取引先同士)
① こちらの条件でよろしいでしょうか
② 持ち帰って検討した上で、お返事させていただきますので
③ わかりました。いつ頃になりますでしょうか
④ 明日中にご連絡するようにいたします
⑤ そうですか。よろしくお願いいたします

2. (A・B：取引先同士)
① 打ち合わせの日時はいかがいたしましょうか
② スケジュールを調整いたしますので
③ そうですか。できましたら、今日中にご連絡いただきたいんですが
④ わかりました。今日中にメールでご連絡いたします
⑤ よろしくお願いいたします

3. （A：客　B：家電量販店の店員）

① エアコンの設置はいつやっていただけるんでしょうか
② 今、立て込んでおりまして……。空き状況を確認し次第お電話いたします
③ 毎晩暑くて寝られないんですから。大至急お願いしますよ
④ 承知しました。できるだけ早くお電話いたします
⑤ 頼みますよ

問題
自分の場面で会話をしてください。

---

1. 日時　day and time
2. 家電量販店　electronics retailer
3. 立て込む　to be busy
4. 空き状況　openings (in a schedule)
5. 大至急　very urgent

第9課
面接を受ける
Having an interview

本文会話

アナン　失礼します。アナン・プラモートと申します。どうぞよろしくお願いいたします。
担当者　どうぞおかけください。
アナン　はい。では失礼いたします。
担当者　早速ですが、今回ご応募いただいた理由について、お聞かせください。
アナン　はい。現在、銀行で融資の仕事をしております。10年**にわたって**融資業務に関わってきました。最近、御社はタイ**向け**のプロジェクトに積極的であると伺っております。わたくしはこれまでの業務**を通じて**、タイに人脈を広げてきました。また、日本企業についてもよく存じております。こうした経験を活かして御社に貢献したいと思い、応募いたしました。
担当者　そうですか。銀行もよいお仕事ですよね。
アナン　はい。いろいろな案件を担当させていただいております。ただ、幅広い地域を対象にしているものですから、タイの仕事だけをする**わけには**……なかなか**いきません**。
担当者　なるほど。タイに特化して仕事をしたいという**わけです**ね。
アナン　はい。
担当者　当社でもタイ以外の案件をお願いすることがあるかもしれませんが、その点に関しては、どのようにお考えですか。
アナン　はい。もちろん、どのような地域でもベストを尽くします。ただ、わたくしの強みはタイです。それが発揮できるところで、仕事をさせていただければ幸いです。
担当者　そうですか。よくわかりました。こんなところですが、何かご質問はありますか。
アナン　はい。外国人社員の管理職の割合について、お聞きしたいのですが。
担当者　そうですね、現在は5％程度です。毎年外国人社員の採用を増やしていますが、それ**とともに**外国人の管理職も、増やしていくつもりです。
アナン　わかりました。ありがとうございました。

担当者　ほかに何かございますか。
アナン　いえ、特に……。
担当者　では、結果については、後日メールでご連絡します。今日はありがとうございました。
アナン　いえ、こちらこそ、ありがとうございました。どうぞよろしくお願いいたします。失礼いたします。

Anan：	Excuse me. My name is Anan Pramoj. Thank you for seeing me today.
Person in charge：	Please have a seat.
Anan：	Thank you. Please excuse me.
Person in charge：	Without delay, please let me hear the reasons why we received your application this time.
Anan：	Yes. At present, I am doing a job in financing at a bank. I have been involved in the financing business for 10 years. I hear that recently your company is active in a project aimed at Thailand. Through my business up until now, I have widened my personal connections in Thailand. Also, I know a lot about Japanese corporations. Making the best use of these experiences, I think I want to contribute to your company, and so I applied.
Person in charge：	I see. Banking is a good job too, isn't it?
Anan：	Yes. I am allowed to be in charge of many different matters. However, because we are targeting a wide area, I simply can't afford to do only work in Thailand.
Person in charge：	I see. It means that you want to do a job with specialization in Thailand.
Anan：	Yes.
Person in charge：	Even in our company we may task you with matters besides Thailand. Regarding that point, what do you think?
Anan：	Yes. Of course, in any kind of area I will strive to do my best. However, my strength is Thailand. If you let me do work where I can demonstrate that, I would be happy.
Person in charge：	I see. I understand very well. Let's stop here for now. Do you have any questions for us?
Anan：	Yes. I'd like to ask about the percentage of international staff in management.
Person in charge：	Yes, at present it's about 5%. Every year we are increasing our hiring of international staff, but along with that we plan to increase international staff in management.
Anan：	I understand. Thank you.
Person in charge：	Is there anything else?
Anan：	No, nothing in particular.
Person in charge：	In that case, we will contact you by email at a later date about the results. Thank you for coming today.
Anan：	No, thank you for having me. I hope to hear from you soon. Please excuse me.

1. 応募する　to apply (for a job)
2. 積極的　active
3. 人脈　personal connections
4. 貢献する　to contribute
5. 〜を対象にする　to target ...
6. 〜に特化する　with specialization in ...
7. ベストを尽くす　to strive to do one's best
8. 強み　strength(s)
9. 発揮する　to demonstrate
10. 〜ば幸いです　I would be happy if ...
11. こんなところですが　That's all we have for now
12. 管理職　management

表現

1. 〜にわたって　for (a period of time)

A： 半年にわたって住民との話し合いが行われていますが、解決はまだなんでしょうか。

B： 市としては、年内をめどに、話し合いを続けてまいります。

A：For half a year, discussions with citizens have been happening. Is there a solution yet?
B：As for the city, we will continue discussions with a goal to reach a solution within the year.

2. 〜向けの　aimed at ...; for...

A： こちらは、このたび弊社で開発した高齢者向けのゲームでございます。

B： そうですか。どのようなゲームか、詳しく説明していただけますか。

A：This is the game for the elderly that we developed at our company.
B：I see. Could you please explain in detail what kind of game it is?

3. 〜を通じて　through ...

A： ボランティア活動を通じて、何を学びましたか。

B： はい。さまざまな人との交流によって、いろいろな考え方があることを学びました。

A：Through volunteer activities, what did you learn?
B：Yes. Through exchanges with various people, I learned that there are many different ways of thinking.

4. 〜わけにはいかない　can't afford to ...

A： 今晩飲みに行きませんか。

B： 今晩はちょっと……。

A： えー、どうしてですか。行きましょうよ。

B： いやあ、あしたは健康診断だから、今晩飲むわけにはいきませんよ。

A：Would you like to go drinking tonight?
B：Tonight is no good.
A：Oh, why? Let's go!
B：No, tomorrow I have a health examination, so tonight I can't afford to go drinking.

5. 〜わけだ It means...; must...

A： 最近、観光客がたくさんいますね。
B： ええ。ここで有名な映画の撮影が行われたそうですよ。
A： そうですか。ロケ地が見たいというわけですね。

A：Recently, there are so many tourists, aren't there?
B：Yes. I heard that a famous movie shoot happened here.
A：Really? They must want to see the filming location.

6. 〜とともに along with ...

A： 北海道の工場を閉鎖するそうですね。
B： ええ、これから国内の工場は減らしていくそうです。それとともに、海外の工場を増やすというのが会社の考えらしいです。

A：I heard that the Hokkaido factory will close.
B：Yes, I heard that going forward we are going to reduce our domestic factories. Along with that, it seems that the company is thinking of increasing our international factories.

問題
1〜6について、AとBの会話を作って練習してください。

---

1. 解決 solution
2. 〜をめどに with a goal of ...
3. 高齢者 the elderly
4. ボランティア活動 volunteer activities
5. 学ぶ to learn
6. 交流 exchange
7. 健康診断 health examination
8. 撮影 shoot (i.e. movie, TV)
9. ロケ地 filming location
10. 閉鎖する to close

第9課 表現

95

談話練習1　面接時の入室・質問・退出

Entering the room, asking questions, and leaving the room at an interview

---

応募者：　失礼します。① **(名前)** と申します。どうぞよろしくお願いいたします。
　　　　　　　　　　　Your name

担当者：　どうぞおかけください。

応募者：　はい。では失礼いたします。

担当者：　何かご質問はありますか。

応募者：　はい。② **(質問事項)** について、お聞きしたいのですが。
　　　　　　　　　The subject of your question

担当者：　③ **(答える)** 。④ **(補足する)** 。
　　　　　　　Answer　　　Give additional information

応募者：　わかりました。ありがとうございました。

担当者：　ほかに何かございますか。

応募者：　いえ、特に……。

担当者：　では、面接の結果については、後日メールでご連絡します。今日はありがとうございました。

応募者：　いえ、こちらこそ、ありがとうございました。どうぞよろしくお願いいたします。失礼いたします。

---

1. （応募者と担当者）

① （自分の名前）
② 勤務地
③ 最初は国内の研究所で経験を積んでいただきます
④ 将来的には、出身国での勤務も可能です

2. (応募者と担当者)
59
① (自分の名前)
② 在宅勤務
③ 既に一部の部署で導入しています
④ ただし、週に2回の出社を義務付けています

3. (応募者と担当者)
60
① (自分の名前)
② 人事評価
③ 年に1回面談を行い、目標を設定します
④ そして、目標の達成度を評価し、翌年の年俸を決めます

問題
自分の場面で会話をしてください。

---

1. 勤務地　place of business
2. 将来的　in the future
3. 在宅勤務　working from home
4. 部署　department
5. 導入する　to carry out (something)
6. 出社　to go into work
7. 義務付ける　to obligate
8. 人事評価　employee evaluations
9. 面談　interview
10. 目標を設定する　to set goals
11. 達成度　success rate
12. 年俸　annual salary

談話練習2　志望理由について話す
Talking about your purpose and ambitions

担当者：　早速ですが、志望理由について、お聞きしたいんですが。
応募者：　はい。① <u>（今の仕事について説明する）</u>。
　　　　　　　　　　　Explain your current job

　　　　　② <u>（応募先の会社のよい点を述べる）</u>。
　　　　　State some good points about the place where you are applying

　　　　　③ <u>（自分の強みをアピールする1）</u>。
　　　　　　Emphasize a strength of yours (1)

　　　　　また、④ <u>（自分の強みをアピールする2）</u>。
　　　　　　　　Emphasize a strength of yours (2)

　　　　　わたくしは、こうした経験を活かして御社に貢献したいと思い、応募いたしました。

担当者：　そうですか。⑤ <u>（否定的な質問をする）</u>。
　　　　　　　　　　　Ask a question in the negative

応募者：　⑥ <u>（前向きに答える）</u>。⑦ <u>（本音を述べる）</u> ものですから……。
　　　　　　Answer positively　　　　Explain your true feelings

担当者：　なるほど。⑧ <u>（新しい仕事のマイナス面について確認する）</u>。
　　　　　　　　　　Confirm the negative side of the new job

応募者：　はい。もちろん、⑨ <u>（積極的に答える）</u>。
　　　　　　　　　　　　Answer directly and positively

担当者：　そうですか。よくわかりました。

1.（応募者と担当者）　🔘61

① わたくしはエンジニアですが、現在は、主にマネジメントを担当しております
② 御社では、エンジニアとしてずっと働けるとお聞きしています
③ わたくしはこれまで10年以上もの間、システム開発のエンジニアとしてやってきました
④ 特許もいくつか取りました

⑤ マネジメントの仕事に不満があるということですか
⑥ いいえ。より広い視野で仕事に取り組めるという点では、いい経験になっていると思います
⑦ ただ、本音を申しますと、エンジニアとしてのやりがいがあまり感じられない
⑧ 弊社も管理職はエンジニアとマネジメントを兼務しています。この点については、いかがでしょうか
⑨ そのような立場になりましたら、どちらもベストを尽くします

2. (応募者と担当者)

① 現在、フリーで通訳や翻訳の仕事をしております
② 今回御社では、専門性の高い産業分野が扱える人材を求めていると御社の山村部長から伺い、応募いたしました
③ わたくしには15年の経験がございます
④ 顧客先は、国内外の大手企業で、国際会議の通訳、研究論文の翻訳など、幅広く仕事をしてまいりました
⑤ 立派なお仕事をなさってきたのはよくわかります。しかし、当社には簡単な仕事もあります。例えば、レポートのチェックや社員に英語を教えることなどです
⑥ はい。もちろん、どんな業務でもいたします
⑦ ただ、御社は年に数回大きな国際会議を主催されています。そのような仕事にもかかわれれば幸いな
⑧ この仕事は、お客様との仕事ですから、時間が不規則になることもあります。それでもよろしいですか
⑨ よく承知しております。体力には自信があります

3. （応募者と担当者）

① 現在、わたくしは主に海外営業の仕事をしております
② 御社は最近、業務を海外に拡大されていて、将来性があると感じました
③ わたくしには、現地での交渉戦略をはじめとした海外営業のノウハウがございます
④ トップの営業成績で、社長表彰も何度か受けています
⑤ 素晴らしい実績ですね。そんな中、なぜ会社を移ろうと思ったんですか
⑥ はい。わたくしも御社とともに成長していきたいと考えました
⑦ また、御社では能力だけで年俸が決まると伺いました。わたくしは自分の可能性を試したいと思った
⑧ 実績次第では、年俸が大幅に下がるということもありますが
⑨ それは当然だと思います。精一杯頑張ります

問題
自分の場面で会話をしてください。

---

1. 視野　outlook
2. やりがいを感じる　to feel the value of doing (something)
3. 兼務する　to hold two posts at the same time
4. フリー　freelance
5. 産業分野　the field of industry
6. 扱う　to deal with; to handle
7. 求める　to want; to request
8. 主催する　to sponsor
9. 不規則　irregularity; irregular
10. 交渉戦略　negotiation tactics
11. 社長表彰　recognition from the company director
12. 能力　ability
13. 当然　obvious

索引 Index

あ

	課	ページ
あきじょうきょう　空き状況	8	89
あついなか　暑い中	3	33
あつかう　扱う	9	100
あったかいとこ 　（＝あたたかいところ）	6	63
あらたなちょうせん　新たな挑戦	7	73
あらためて	3	33
アレルギー	6	65
あんけん　案件	8	83
あんていした　安定した	2	23

い

	課	ページ
～いがい　～以外	7	79
いける	5	53
～いこう　～以降	7	73
～いじょう　～以上	2	25
～いち　～一	5	53
いちば　市場	6	65
いてんさぎょう　移転作業	7	75
いどうする　異動する	5	55
いにもたれる　胃にもたれる	6	67
イライラしちゃって 　（＝イライラしてしまって）	6	69
インストールする	2	29

う

	課	ページ
うえ　上	3	39
～うちに	7	74
うってつけ	4	43
うまくいく	1	19
うまくやる	2	23
うまさ	5	53

え

	課	ページ
えいぎょうりえき　営業利益	4	48
えいぎょうりょく　営業力	5	55
エース	1	13
～えんもする　～円もする	5	57

お

	課	ページ
おいでいただく	3	37
おうえん　応援	2	27
おうぼする　応募する	9	93
おおて　大手	8	83
おおはばに　大幅に	4	48
おかげさまで	1	13
おくがふかい　奥が深い	1	19
おこしいただく 　お越しいただく	3	37
おじゃまする　お邪魔する	3	37
おしゃれ	4	43
おちつく　落ち着く	5	57
おっしゃるとおりです 　おっしゃる通りです	4	45
おつれする　お連れする	2	29
おてもと　お手元	4	43
おまかせ	5	57
おやくにたてる　お役に立てる	3	33
おやこうこう　親孝行	5	59
おんしゃ　御社	3	35

か

	課	ページ
かいがいしんしゅつ　海外進出	3	33

かいぎがはいる　会議が入る………	7	79
かいけつ　解決………………………	9	95
かいさい　開催……………………	2	27
かいてき　快適……………………	8	85
かいはつする　開発する…………	1	15
かおり　香り………………………	3	35
かかく　価格………………………	3	39
～かぎりだ　～限りだ……………	3	34
～かぎり（では）　～限り（では）…	8	84
かじ　家事…………………………	7	75
がっぺいする　合併する…………	8	85
かでんりょうはんてん　　　　家電量販店…………………	8	89
かなりの～………………………	3	35
かのうせい　可能性………………	4	48
かぶぬしそうかい　株主総会……	2	27
かまわない　構わない……………	7	79
カメラうつり　カメラ写り………	4	50
かゆい………………………………	6	65
～からして………………………	5	54
～からすると……………………	7	75
かんきょう　環境…………………	4	45
かんきょうぎじゅつ　環境技術…	8	87
かんげいする　歓迎する…………	1	13
かんしんじ　関心事………………	4	45
がんばらなきゃ　頑張らなきゃ…	3	35
かんりしょく　管理職……………	9	93

き

きかい　機会………………………	5	59
きがすすまない　気が進まない…	6	67
きごこち　着心地…………………	3	33
きたいする　期待する……………	1	13
きたいどおり　期待通り…………	5	57
きびしい　厳しい…………………	1	13
きぼう　希望………………………	7	73

ぎむづける　義務付ける…………	9	97
きゅうしょくしゃ　求職者………	8	87
きゅうすいせい　吸水性…………	4	43
きゅうよめん　給与面……………	8	83
ぎょうかい　業界…………………	2	23
ぎょうせき　業績…………………	2	23
ぎょうむ　業務……………………	7	73
ぎょうれつ　行列…………………	5	53
きんむち　勤務地…………………	9	97

く

グローバルか　グローバル化……	8	83

け

～けい　～系………………………	8	83
けいえいじん　経営陣……………	8	83
けいかくをたてる　計画を立てる…	6	63
けいきかくだい　景気拡大………	4	48
けいけん　経験……………………	1	13
けいけんをいかす　経験を活かす…	7	73
けいけんをつむ　経験を積む……	7	75
けいひさくげん　経費削減………	2	29
けいびたいせい　警備体制………	2	27
けっこう　結構……………………	7	79
けってい　決定……………………	7	75
けつろんがでる　結論が出る……	8	83
けん　件……………………………	1	15
～けん　～軒……………………	5	53
けんきゅうきかん　研究機関……	8	87
げんこう　原稿……………………	7	77
けんこうしんだん　健康診断……	9	95
けんさくする　検索する…………	2	29
けんさする　検査する……………	4	45
げんじょう　現状…………………	2	25
げんだい　現代……………………	4	45
げんちしさつ　現地視察…………	4	43

けんとうする　検討する	3	35
けんむする　兼務する	9	100

こ

こうおんたしつ　高温多湿	4	43
こうけんする　貢献する	9	93
こうじょうする　向上する	7	77
こうしょうせんりゃく　交渉戦略	9	100
こうどうする　行動する	6	67
こうひょう　好評	3	33
こうりゅう　交流	9	95
こうりょする　考慮する	7	75
こうれいしゃ　高齢者	9	95
こえをかける　声をかける	1	17
ごがくりょく　語学力	3	35
こきゃく　顧客	7	77
こくせき　国籍	4	45
こころづよい　心強い	3	33
ごじつ　後日	3	39
コストいしき　コスト意識	2	25
コストパフォーマンス	2	29
コスパ	5	57
ごぞんじのとおり　ご存じの通り	8	83
こもり　子守り	7	75
ころぶ　転ぶ	6	69
こんげついっぱい　今月いっぱい	5	55
コンサルティングがいしゃ　　コンサルティング会社	7	73
こんなところですが	9	93
こんねんど　今年度	4	48
コンプライアンスぶ　　コンプライアンス部	4	50

さ

さいけんとうする　再検討する	3	39
ざいさん　財産	7	75
さいしゅうチェック　　最終チェック	2	27
ざいたくきんむ　在宅勤務	9	97
ざいむめん　財務面	8	87
～さえ…ば	1	14
さきのばしにする　　先延ばしにする	7	73
さくせい　作成	7	75
さける　避ける	2	23
ざぜん　座禅	5	57
さつえい　撮影	9	95
さっそく　早速	2	29
さんぎょうぶんや　産業分野	9	100

し

シェフ	4	50
しえんさく　支援策	3	35
じかんをつくる　時間を作る	7	73
じかんをとる　時間をとる	3	37
しきゅう　至急	6	69
しきんのうごき　資金の動き	2	23
しごとにつく　仕事に就く	8	85
じしん　自信	3	35
～しだい　～次第	1, 8	15, 85
しっかり	1	17
じっさい　実際	4	43
じっせき　実績	3	33
しつど　湿度	4	45
しばらく	1	19
シミュレーションする	2	27
しや　視野	9	100
しゃちょうひょうしょう　　社長表彰	9	100
しゅうあけ　週明け	6	65
しゅうじつ　終日	7	79
じゅうじつする　充実する	8	87

しゅうしょく　就職	1	17
しゅうのこうはん　週の後半	7	79
しゅさいする　主催する	9	100
しゅっきんする　出勤する	2	27
しゅっこうさき　出向先	8	87
しゅっしゃ　出社	9	97
しゅっぱん　出版	7	77
しゅよう　主要	3	33
じゅよう　需要	4	48
じゅんちょう　順調	1	17
しょうがつ　正月	6	63
しょうきょくてきなしせい　消極的な姿勢	7	77
じょうけん　条件	7	73
しょうさい　詳細	7	73
しょうしんしけん　昇進試験	6	65
しょうちしました　承知しました	1	15
じょうほうこうかい　情報公開	4	50
しょうらいせい　将来性	8	83
しょうらいてき　将来的	9	97
じんざい　人材	8	87
じんじひょうか　人事評価	9	97
じんじぶ　人事部	5	57
じんじゃ　神社	5	57
しんせつにする　親切にする	1	17
しんちょうに　慎重に	2	23
じんみゃく　人脈	9	93
しんらい　信頼	4	50

す

スキーリゾート	6	63
すぐれる　優れる	4	43
すすめる　勧める	5	53
スノボ（＝スノーボード）	6	63
すべての〜　全ての〜	2	23
すべる　滑る	6	63

スポット	4	43
すませる　済ませる	3	37

せ

せいいっぱい　精一杯	2	25
せきにんをもつ　責任を持つ	2	23
セグメントべつ　セグメント別	4	48
せっかく	5	59
せっきゃくする　接客する	2	27
せっきょくてき　積極的	9	93
せったい　接待	2	25
ぜったい　絶対	1	19
せっち　設置	2	27
せんじつ　先日	1	15
せんど　鮮度	6	65
せんぽう　先方	1	13
せんりゃく　戦略	4	48

そ

そういうことで	3	33
そういうめんもある　そういう面もある	7	75
そうむ　総務	2	23
ソフト	2	29
そろう　揃う	2	27
そろそろ	3	37

た

たいおうする　対応する	2	23
たいくつ　退屈	6	63
だいしきゅう　大至急	8	89
だいの〜　大の〜	2	23
〜たいのはやまやまだ	5	59
タイミング	7	73
〜たうえで　〜た上で	3	35

たかまる　高まる	8	83
～たきり	6	64
～だけあって	5	54
～だけに	7	75
たしかにそうですが　確かにそうですが	2	23
ただで	6	67
たっせいど　達成度	9	97
たてこむ　立て込む	8	89
たてなおし　立て直し	8	87
～たところ	4	45
たのもしい　頼もしい	3	35
たんちょう　単調	7	75
たんとうさき　担当先	2	23
たんとうする　担当する	1	13

ち

ちいき　地域	3	37
～ちゃう（＝～てしまう）	5	55
ちゅうとはんぱ　中途半端	4	50
ちゅうもくをあつめる　注目を集める	8	87
ちょうさ　調査	3	37
ちょうせい　調整	8	83

つ

ついてない	6	69
～つき　～付き	6	63
つきかえす　突き返す	6	69
つきましては	7	73
つごう　都合	7	73
つごうをつける　都合をつける	2	29
～っこない	6	64
～つつ	7	74
って	4	50
つまずく	6	69
つまり	4	43
つよみ　強み	9	93

て

であい　出会い	6	67
ていあんする　提案する	3	33
ていきょう　提供	4	48
ていど　程度	8	85
ていねんたいしょくする　定年退職する	5	55
～ていらい　～て以来	1	14
ていれい　定例	2	23
データかする　データ化する	2	29
テーマ	4	45
（できれば）～ていただきたいんですが	1	14
～てたまらない	6	65
～でも	1	15
てんかいする　展開する	4	43
てんじかい　展示会	2	27
てんしょくする　転職する	8	85
てんぽ　店舗	4	43

と

～といい、～といい	3	34
～というわけじゃない	5	54
～どうし　～同士	1	19
とうしゃ　当社	4	50
とうぜん　当然	9	100
どうにゅうする　導入する	9	97
どうりょう　同僚	1	19
～どおり　～通り	7	74
～とく（＝～ておく）	2	23
～ところ	3	34
～どころじゃない	6	65
とざん　登山	1	19

～としかいいようがない
　　～としか言いようがない ………… **5**　55
（もし）～としたら ………………… **8**　85
～として ……………………………… **4**　44
とっきょをしゅとくする
　　特許を取得する ………………… **8**　87
～とともに …………………………… **9**　95
とりあえず …………………………… **6**　67
とりひきさき　取引先 ……………… **1**　19
どりょく　努力 ……………………… **1**　15

な

～ないことには…ない ……………… **4**　45
～ないこと（は／も）ない ………… **7**　75
ながねん　長年 ……………………… **5**　55
～ながら（も）……………………… **8**　84
なっとうまき　納豆巻き …………… **5**　55
なにより　何より …………………… **3**　33
～ならでは …………………………… **5**　54
～なんか ……………………………… **1**　14

に

～にあたって ………………………… **2**　24
～において（は）…………………… **4**　44
～にかぎらず　～に限らず ………… **2**　24
～にかけては ………………………… **5**　54
～にかんして　～に関して ………… **4**　44
～にきまってる　～に決まってる … **6**　64
～にこしたことはない
　　～に越したことはない ………… **2**　24
にさんにちじゅうに
　　2、3日中に …………………… **3**　39
～にしては …………………………… **4**　44
～にしても～にしても ……………… **6**　64
にちじ　日時 ………………………… **8**　89
～について …………………………… **2**　25

～にとっかする　～に特化する …… **9**　93
～にともなって　～に伴って ……… **8**　84
～になれる　～に慣れる …………… **1**　13
にゅうこうする　入行する ………… **1**　13
～にわたって ………………………… **9**　94

ね

ネットワーク ………………………… **3**　33
ねびき　値引き ……………………… **2**　27
ねんねん　年々 ……………………… **8**　83
ねんぽう　年俸 ……………………… **9**　97

の

のうさんぶつ　農産物 ……………… **8**　85
ノウハウ ……………………………… **3**　33
のうりょく　能力 …………………… **9**　100
～のこととなると …………………… **2**　25
のちほど　後ほど …………………… **3**　39
～のてんで　～の点で ……………… **8**　83
～のみならず ………………………… **8**　84

は

パイロットじぎょう
　　パイロット事業 ………………… **4**　43
はけん　派遣 ………………………… **8**　87
～ばさいわいです　～ば幸いです … **9**　93
はっきする　発揮する ……………… **9**　93
はなしにならない　話にならない … **6**　69
はなしをあずかる　話を預かる …… **3**　39
はなしをつめる　話を詰める ……… **4**　43
はまる ………………………………… **5**　55
～はもちろん、～も ………………… **3**　34
はれる　腫れる ……………………… **6**　65

ひ

ひがい　被害	8	85
ひきうける　引き受ける	1	15
ひきつぎ　引き継ぎ	1	13
ひきぬく　引き抜く	4	50
ひじょうしょく　非常食	1	15
ひどい	5	55
ひとごみ　人ごみ	5	55
ひょうばん　評判	3	37
ひようめん　費用面	4	48
ひるどき　昼時	3	37
ひんこんかてい　貧困家庭	4	48

ふ

ブース	2	29
ふきそく　不規則	9	100
ふきとぶ　吹き飛ぶ	6	67
ぶきよう　不器用	1	19
ぶしょ　部署	9	97
ふたん　負担	7	77
ふよう　不要	2	27
フリー	9	100
～ぶり	5	59
ブログ	7	77
ふんいき　雰囲気	4	50
ぶんたん　分担	7	77

へ

へいさする　閉鎖する	9	95
へいしゃ　弊社	3	37
～べき	2	24
ベストをつくす　ベストを尽くす	9	93
べつじん　別人	2	25
べっそう　別荘	6	67
ペラペラ	5	57
べんきょうになる　勉強になる	2	29

ほ

ぼうえきのじゆうか　貿易の自由化	8	85
ほうこうせい　方向性	3	33
ぼうしゅうこうか　防臭効果	4	43
ボーっとする	6	63
ホストファミリー	1	17
ほねにひびがはいる　骨にひびが入る	6	69
ボランティア	4	48
ボランティアかつどう　ボランティア活動	9	95
ぼんさい　盆栽	1	19

ま

マーケティング	8	85
まえむき　前向き	3	39
まし	5	53
まとめがい　まとめ買い	7	77
まとめる	4	45
まなぶ　学ぶ	9	95
まわりのかた　周りの方	1	17

み

みごと　見事	5	57
みこみ　見込み	4	48
みたす　満たす	8	83
みつもり　見積もり	1	15
みとおし　見通し	4	48
みなおし　見直し	4	48
みょうごにち　明後日	7	79

む

- ～むけの　～向けの ……………… **9**　94
- むしあつい　蒸し暑い ……………… **4**　45
- むちゅうになる　夢中になる ……… **1**　19

め

- めったに～ない ……………………… **5**　59
- メリット ……………………………… **8**　85
- めん　麺 ……………………………… **5**　53
- めんせつ　面接 ……………………… **4**　50
- めんだん　面談 ……………………… **9**　97

も

- もくひょうをせっていする
  　目標を設定する ………………… **9**　97
- （もし）～としたら ………………… **8**　85
- もちかえる　持ち帰る ……………… **3**　33
- もとめる　求める …………………… **9**　100
- ものしずか　物静か ………………… **2**　25
- ～ものだ ……………………………… **5**　55
- ～ものだから ………………………… **7**　74
- ～ものの ……………………………… **3**　34

や

- やきにく　焼肉 ……………………… **5**　59
- やってらんない
  　（＝やっていられない） ………… **6**　69
- ～やら～やら ………………………… **7**　74
- やりがいをかんじる
  　やりがいを感じる ……………… **9**　100
- やるき　やる気 ……………………… **1**　13

ゆ

- ゆうし　融資 ………………………… **1**　13
- ゆうしばたけ　融資畑 ……………… **1**　13
- ゆうしゅう　優秀 …………………… **5**　55

よ

- ようすをみる　様子を見る ………… **4**　43
- ようぼう　要望 ……………………… **7**　77
- よくしてくれる ……………………… **1**　13
- よていがつまる　予定が詰まる …… **2**　29
- よわき　弱気 ………………………… **3**　35

ら

- らいじょうしゃ　来場者 …………… **2**　27

り

- りかいする　理解する ……………… **7**　75
- リスクをとる　リスクを取る ……… **3**　33
- りょうりつする　両立する ………… **7**　77

れ

- れんぞく　連続 ……………………… **5**　53
- れんらくまち　連絡待ち …………… **5**　59

ろ

- ロケち　ロケ地 ……………………… **9**　95
- ろんぶん　論文 ……………………… **4**　45

わ

- わが～　我が～ ……………………… **1**　13
- ～わけだ ……………………………… **9**　95
- ～わけにはいかない ………………… **9**　94
- わざわざ ……………………………… **3**　37
- わしょく　和食 ……………………… **8**　85
- わだいにこまる　話題に困る ……… **2**　23

を

～をたいしょうにする
　　～を対象にする ……………… **9**　93
～をちゅうしんに　～を中心に …… **4**　44
～をつうじて　～を通じて ………… **9**　94
～をとわず　～を問わず …………… **4**　45
～をはじめ（として／とした）……… **8**　84
～をベースにして ………………… **7**　77
～をめどに ………………………… **9**　95

著者
一般財団法人国際教育振興会 日米会話学院 日本語研修所
International Education Center (IEC), Nichibei Kaiwa Gakuin, Japanese Language Institute (JLI)
1967年開設。成人外国人を対象にビジネスや日常の場で役立つ実践的な日本語教育を実施している。設置者の一般財団法人国際教育振興会では英語・日本語教育のほか、「外国人による日本語弁論大会（ワタシの見たニッポン）」（1960年より。国際交流基金・地方自治体共催、外務省・文部科学省等後援、NHK Eテレより放映）などの国際交流事業を行っている。
URL: https://nichibei-jli.com/ja/（日本語）　https://nichibei-jli.com/（English）

執筆者
紙谷幸子（日米会話学院 日本語研修所　講師）
瀬川由美　安藤美由紀（同研修所　元講師）

翻訳
Kelly Cargos（日米会話学院　元講師）

イラスト
大崎メグミ

装丁・本文デザイン
山田武

CD吹き込み
北大輔　北沢力　沢田すみよ　谷口恵美

人を動かす！　実戦ビジネス日本語会話　中級1

2016年11月25日　初版第1刷発行
2025年 3 月25日　第 7 刷 発 行

著　者　　一般財団法人国際教育振興会 日米会話学院 日本語研修所
発行者　　藤嵜政子
発　行　　株式会社スリーエーネットワーク
　　　　　〒102-0083　東京都千代田区麹町3丁目4番
　　　　　　　　　　　トラスティ麹町ビル2F
　　　　　電話　営業　03（5275）2722
　　　　　　　　編集　03（5275）2725
　　　　　https://www.3anet.co.jp/
印　刷　　萩原印刷株式会社

ISBN978-4-88319-742-2　C0081
落丁・乱丁本はお取替えいたします。
本書の全部または一部を無断で複写複製（コピー）することは著作権法上での例外を除き、禁じられています。

■ 中上級ビジネス日本語教材

人を動かす！
実戦ビジネス日本語会話 中級

一般財団法人国際教育振興会　日米会話学院　日本語研修所 ● 著
中級1　B5判　109頁　CD1枚付　2,640円（税込）　〔ISBN978-4-88319-742-2〕
中級2　B5判　111頁　CD1枚付　2,640円（税込）　〔ISBN978-4-88319-756-9〕

外国人のための
ケーススタディで学ぶ
ビジネス日本語 中級

千駄ヶ谷日本語教育研究所 ● 著
B5判　169頁＋別冊39頁　2,640円（税込）　〔ISBN978-4-88319-853-5〕

10の基本ルールで学ぶ
外国人のための
ビジネス文書の書き方

白崎佐夜子 ● 著
B5判　125頁＋別冊20頁　1,540円（税込）　〔ISBN978-4-88319-896-2〕

■ JLRTの攻略

BJTビジネス日本語能力テスト
聴解・聴読解 実力養成問題集 第2版

宮崎道子 ● 監修　瀬川由美、北村貞幸、植松真由美 ● 著
B5判　215頁＋別冊45頁　CD2枚付　2,750円（税込）　〔ISBN978-4-88319-768-2〕

BJTビジネス日本語能力テスト
読解 実力養成問題集 第2版

宮崎道子 ● 監修　瀬川由美 ● 著
B5判　113頁　1,320円（税込）　〔ISBN978-4-88319-769-9〕

スリーエーネットワーク　ウェブサイトで新刊や日本語セミナーをご案内しております。
https://www.3anet.co.jp/